离岸服务外包中的双边控制机制及作用效果研究

郑淞月　著

中国财经出版传媒集团

经济科学出版社
Economic Science Press

图书在版编目（CIP）数据

离岸服务外包中的双边控制机制及作用效果研究/郑淞月著 .
—北京：经济科学出版社，2020. 1
ISBN 978 – 7 – 5218 – 1183 – 4

Ⅰ. ①离… Ⅱ. ①郑… Ⅲ. ①服务业 – 对外承包 – 研
究 – 中国 Ⅳ. ①F752. 68

中国版本图书馆 CIP 数据核字（2020）第 018767 号

责任编辑：李　雪
责任校对：齐　杰
责任印制：邱　天

离岸服务外包中的双边控制机制及作用效果研究
郑淞月　著

经济科学出版社出版、发行　新华书店经销
社址：北京市海淀区阜成路甲 28 号　邮编：100142
总编部电话：010 – 88191217　发行部电话：010 – 88191522
网址：www. esp. com. cn
电子邮件：esp@ esp. com. cn
天猫网店：经济科学出版社旗舰店
网址：http://jjkxcbs. tmall. com
固安华明印业有限公司印装
710×1000　16 开　14.5 印张　200000 字
2020 年 3 月第 1 版　2020 年 3 月第 1 次印刷
ISBN 978 – 7 – 5218 – 1183 – 4　定价：58. 00 元
（图书出现印装问题，本社负责调换。电话：010 – 88191510）
（版权所有　侵权必究　打击盗版　举报热线：010 – 88191661
QQ：2242791300　营销中心电话：010 – 88191537
电子邮箱：dbts@ esp. com. cn）

前　　言

　　面对新常态下的经济下行压力，离岸服务外包行业的发展对优化我国对外贸易结构、扩大就业水平与推动企业创新等方面意义重大。然而，我国企业在国际接包市场上的表现还有待进一步改善，尤其是对所承接项目控制失当而造成绩效不佳的案例仍时有发生。在具体的外包项目管理中，发包方与接包方基于各自的权利、义务与利益而对项目实施的过程或结果所进行的控制会影响最终的项目绩效。

　　然而，现有研究很少同时考虑发包方与接包方控制各自扮演的角色，未能明晰双方控制的区别与联系，因此也难以为我国接包方企业的项目控制提供指导。随着外包业务逐渐向知识密集型与创新型业务转型升级，外包项目的任务复杂性也相应增加；同时，基于外包灵活度与战略收益的考虑，更多发包方开始注重与接包方建立更亲密的合作关系。这些趋势与变化使得外包双方对项目进行控制时面临着更为复杂多元的情境影响，一以贯之的控制方式将不再适用。因此，外包双方如何根据具体的任务情境和关系情境进行有效的控制管理，从而提高离岸服务外包项目绩效成为亟须解决的研究问题。

　　针对上述缺陷，本书以我国接包方企业所承接国际服务外包项目为研究对象，以接发包双方所实施的控制机制为核心研究变量，基于多个理论视角，考虑任务与关系情境特点，对离岸服务外包中双边控制机制的构成及其作用效果进行了系统分析与实证检验。本书的主要研究内容与创新之处可以概括为以下三个方面：

第一，离岸服务外包中双边控制机制的主要构成及其直接影响。基于委托代理理论，考虑发包方与接包方各自的角色、任务与利益需求，区分了双方对项目过程与结果所采取的控制手段与方法，并阐明其对项目绩效的直接影响。实证研究发现，发包方与接包方各自的过程与结果控制对项目绩效均有一定程度的促进作用。

现有外包控制研究多基于发包方视角，重点探讨发包方控制机制的决定因素，而检验这些控制机制对项目绩效作用效果的研究则相对缺乏，其结论也尚未统一。同时，作为外包项目承接者的接包方在既有研究中也并未受到重视，其对外包项目所主动施加的控制尚未被深入的探讨。实践中，由于外包项目在接包方企业内部完成，接包方的控制机制可能会对项目绩效产生直接而深远的影响。本书突破现有局限，将以发包方企业作为研究主体的单边视角扩展为发包方和接包方企业的双边视角，为离岸服务外包项目中的控制问题补充了新的研究视角。

第二，任务与情境因素对离岸服务外包中双边控制机制效用的影响。基于交易成本理论与信息处理理论，本书识别了任务复杂性和关系亲密度两个关键的项目情境特征，分析并检验了它们对双方控制机制与项目绩效间关系的调节作用。实证研究显示，在任务复杂性更高的项目中，发包方结果控制和接包方过程控制对项目绩效的促进作用更强，而发包方过程控制的有效性则有所减弱；同时，当外包双方的关系亲密度更高时，接包方的两种控制机制的绩效提升作用都会变得更强，而发包方结果控制的有效性却有所降低。

现有研究尽管探讨了发包方控制的作用所受到的一些调节影响，但仍缺乏在双边视角下对外包双方控制机制有效性的边界条件的系统讨论与对比。作为补充，本书的结论揭示了外包双方的过程与结果控制在情境敏感性上存在的显著差异，有助于外包双方实践者认清各自控制在不同情境下的有效性与局限性，并根据相应的项目情境来选取恰当的控制机制。

　　第三，不同任务与关系情境下，离岸服务外包中双边控制机制的交互作用。以此前研究为基础，进一步揭示了接发包双方的过程控制和结果控制在不同的任务复杂性和关系亲密度水平下对项目绩效的交互作用，从而识别出能与特定情境相匹配的双方控制组合方式。实证研究发现，在任务更复杂的情况下，发包方与接包方同时采用不同控制机制时能够互相补充而对项目绩效产生更大的促进作用；采用相同的控制机制时则有可能彼此替代，从而难以对项目绩效产生协同影响。同时，在双边关系更亲密的情况下，只有发包方过程控制与接包方结果控制这一种交互是最适宜的组合，可以更大程度上促进项目绩效；而当双方同时使用过程控制时，其作用可能会相互抵消而无法形成协同效应。

　　现有文献在讨论发包方控制以及个别讨论接包方控制时，往往只考虑它们的单独作用。事实上发包方与接包方的控制可以同时存在，并共同影响项目执行团队的工作方式与态度，因此仅考虑单独作用所得的结论可能是片面且不准确的。本书弥补了这一不足，其结论深化了外包管理中关于双重控制的作用机理的理论探索，并为外包双方如何根据项目的不同任务与关系背景，以合作匹配而不是各自为政的方式设计配置自身的控制机制，从而提高项目绩效提供了借鉴。

　　本书是在我的博士毕业论文《离岸服务外包中接发包双方控制机制对项目绩效的影响研究》的基础上修改完成。由于博士毕业论文的主体内容完成于 2017 年，文中的相关统计资料多为 2016 年底截止的数据，而近三年来离岸服务外包行业在市场格局、技术发展与服务水平等各个方面都有着新的发展与变革。因此，本书在理论分析以及实证检验方面，可能尚有诸多缺陷与需要进一步完善的地方，不足之处还请各位专家和读者批评指正。

郑泓月

2020 年 1 月　　　　　3

目录

绪　　论

1.1　研究背景

1.1.1　实践背景

离岸服务外包发端于 20 世纪 90 年代，是跨国企业为了在全球范围更具竞争优势，将原先由内部提供的服务性运营业务进行分解，以项目的形式发包给其他国家或地区（离岸）的企业（接包方）完成，并与自身业务系统和价值链进行整合的管理实践[1-3]。例如，戴尔公司曾将呼叫中心及客户支持等服务性业务外包给印度接包方完成，并使其与销售、研发等其他业务环节相整合。通过利用接包方企业的人力资本、规模优势、特殊知识或专业技能，发包方（客户）企业可以专注于提高核心竞争力，降低成本，获取在本土难以获得的技术、资源或能力，改进产品与服务质量，提高运营效率与战略柔性，并进入和拓展当地市场。

随着现代信息与通信技术的进一步发展与全球化进程的加快，企业的跨国运营与资源、流程、业务整合的成本逐渐降低，为离岸服务外包的实现创造了更多的有利条件与机遇。因此在过去的几十年中，全球离岸服务外包的规模与范围迅速扩大，年复合增长率超过10%，到2016年市场规模总额已超过4000亿美元[4]。同时，由于新技术、新商业模式的不断涌现和全球经济在经历2008年金融危机之后的逐渐复苏，全球离岸服务外包行业在未来的相当一段时间内仍将保持乐观增长，并成为新兴市场国家承接发达国家产业转移，参与全球产业分工与价值链整合的重要经济增长点。

1.1.1.1 离岸服务外包产业对国民经济的重要性日益凸显

对于正处在经济运行转型期、国内经济下行压力加大的中国来说，大力发展服务外包行业，抢占全球离岸服务外包市场对促进产业结构升级，提升整体生产效率，实现经济效益和社会效益具有重要意义。

改革开放40年以来，中国通过提供低廉劳动力、投入自然资源与加强基础设施建设吸引了大量的海外制造业转移，迅速迈向制造大国的行列而成为"世界工厂"，并实现了经济持续增长的奇迹。然而，随着制造成本的不断攀升与环境问题的日益严重，原先依赖于劳动密集型制造业的粗放型经济增长模式逐渐难以为继，经济形态向基于知识创新的产品与服务业转移势在必行。而服务外包产业更多地依赖于信息技术，采用专业化的生产组织方式，具有资源消耗低、环境污染小、附加值高等特点，是实现绿色GDP增长的重要途径[5]。同时，承接离岸服务外包也会带来新的市场知识、技术知识与商业知识的转移与传播，各层次的需求驱动还将催生跨境的知识创造、扩散与整合，有助于提高国内企业的专业服务能力与创新水平，并提升相关从业人员的知识水平与职业技能。此外，服务外包属于技术与人才密集型行业，为大学毕业生提供了数量可观的就业岗位。从商务部数据来看，我国的服务外包供应商到 2016 年底为止大概有 3.92 万家，共涉及工作人员 856.1 万人，其中约 65.7% 是大专以上的大学毕业生，总数约为 551.28 万人[6]。

由于承接服务外包业务契合经济新常态的发展需求，有助于培育竞争新优势与提升全球价值链地位，我国政府从 2006 年起就采取了一系列的措施来促进服务外包行业的加速发展。其中，2006 年由商务部发布并实施的"千百十工程"开启了我国服务外包行业全面发展的序幕，使其成为新兴服务业的标志性产业；到 2009 年，国务院一共确立了大连、上海、西安、深圳、成都等 21 个服务外包示范城市，并从中央到地方对这些城市中的软件出口基地、服务外包基地等园区进行人、财、物各个方面的大力投入，在较短时间内将它们建设为我国承接全球离岸服务外包业务的"桥头堡"；在 2011 年的《国家"十二五"时期文化改革发展规划纲要》中明确提出了"提高服务业国际化水平，大力发展服务外包"；此后，李克强总理在 2014 年末的国务院常务会议上也指出要加快发展离岸服务外包产业，并以此打造外贸竞争新优势；紧接着的 2015 年 1 月，国务院又颁发了正式的行政文件全面部署服务外包产业的发展战略，以推动"中国服务"再上台阶、走向世界。

据商务部对我国企业所承接的离岸服务外包业务统计，2016 年共签订了价值 952.6 亿美元的合同，并执行了 704.1 亿美元的合同，与去年同期相比分别增长 9.14% 和 8.94%。相对全国同时期的外贸增速来说增长更为迅猛，并且离岸外包执行金额占到我国服务出口总额的 25%，是对外服务贸易中的重要贡献部分[6]。除此之外，浙大网新、博彦科技、浪潮、文思海辉、东软集团、软通动力、中软国际等一大批具有国际竞争力的一流服务外包供应商也逐渐涌现，它们代表了不断成长的中国接包方的技术实力与服务能力。随着"一带一路""互联网 +"以及"十三五"规划中"创新驱动"等国家战略的正式实施与不断深化，我国服务外包行业的国际市场与发展空间还将继续拓宽，对国民经济社会的推动作用和对可持续发展的重要贡献也将更加凸显。

1.1.1.2 我国接包方企业面临着问题与挑战

尽管有政策的大力支持、市场占有率不断提高、市场前景依然广阔，中国接包方在承接离岸服务外包方面仍面临着一系列问题与挑战。

第一，全球市场面临着调整与变化，国际竞争日益激烈，离岸服务外包的承接国呈现出多元化格局。其中，印度继续领先全球，马来西亚、印度尼西亚等东南亚国家在呼叫中心、软件服务与出口等方面的差异化竞争战略成效卓著，市场表现抢眼；而以巴西、墨西哥等为代表的拉丁美洲国家以及以波兰、罗马尼亚等为代表的东欧国家的离岸服务外包行业也迅速崛起，并且具有较强的成本优势与文化背景相似、法律制度相近等制度环境优势，可能会对中国企业的现有市场与潜在市场带来一定冲击。根据著名管理咨询公司科尔尼（A. T. Kearney）发布的 2016 年全球离岸服务外包目的地指数（前 10 名的国家如图 1 – 1 所示），从金融吸引力指标（满分 4 分）、劳动力技能和可用性指标（满分 3 分）及营商环境指标（满分 3 分）等三个主要指标来看，印度以 6.96 的总分位居第一，中国以 6.49 的总分位居第二，而马来西亚、巴西等国家也紧随其后，市场差距在逐渐缩小。

第二，虽然产业聚集度逐渐加强，一些大中型公司脱颖而出并具有领军示范效应，但是我国服务外包承接方企业的整体规模仍然较小，开展国际业务的经验相对不足，国际知名度有待提升。据交大—杜克研究中心的调研显示，我国的接包方企业大多（约 87%）是 500 人以下的小企业，并且多数（约 79%）企业从事外包行业不超过 10 年，在规模与经验方面仍显不足[5]。同时，许多接包方管理者缺乏项目管理能力，尤其是缺乏对项目流程或者产出的合理控制，不能依照项目计划的进度、模块要求推进工作，导致成本超支、延期交付、质量不合格等一系列问题，从而引起发包方客户的不满甚至是直接解约[7]。

德勤公司 2014 年的一项调查发现，仅有 62% 的发包方对外包绩效表示满意，并且有 22% 的发包方在遇到问题时会选择直接终止合约[8]。

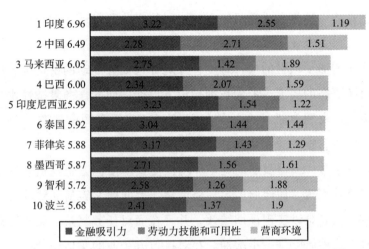

图 1-1　2016 年全球离岸服务外包目的地指数前 10 名的国家

资料来源：科尔尼公司报告（https://www.atkearney.com/strategic-it/global-services-location-index）。

　　第三，由于离岸服务外包的参与双方分处于不同的国家，受到时间、空间、文化、制度等各方面距离的影响，在知识背景与经验能力方面也存在着差距与不同，在完成离岸外包项目时面临协调方面的难度，也有较多的潜在机会主义与项目失败风险。发包方企业出于对外包项目的掌控诉求，直接参与和干涉项目管理可能成为接包方企业的助力，也可能成为其自主实施项目的阻力。此时，接包方需要平衡好企业内与企业间的各方力量，保证项目团队中的密切协作与配合，因而增加了项目控制的难度。

　　另外，随着我国离岸服务外包行业的结构日益优化，业务类型已不限于信息技术外包（ITO）和业务流程外包（BPO），而是逐渐涉及知识流程外包（KPO），接包方所承接的离岸服务外包项目的复杂性程度和多样化水平都在提高。外包服务不再局限于呼叫中心、数据录入、软件测试等标准化、简单化的项目，而更多地包含附加值更高的工程设计、新产品开发、IT解决方案等更为定制化、需要更高知识技能与创新能力的复杂化项目。云技术、数字化和自动化的推广与应用也使得发包方企业更倾向于总价低、期限短、更灵活的合同。这些趋势与变化增加了项目的执行难度，并对外包双方互动的密切度与有效度提出了更高的要求，考验我国接包方根据不同的任务复杂性水平与客户关系紧密程度进行有效的项目控制（包括资源配置与人员管理等）的能力，同时也增加了所承接项目的失败概率。

总体来看，日益激烈的竞争环境促使我国接包方企业迫切需要提高项目绩效表现，而经验不足、跨境协作等问题又容易导致项目管理的失控，从而难以实现预期绩效，并且在面对任务复杂、关系管理等挑战时，这种风险进一步增加。在对接包方企业的实地访谈中，我们也了解到，一些项目的绩效不佳正是由于外包双方缺乏有效的项目控制。因此，在考虑发包方控制的基础上，探讨我国接包方企业如何对外包项目进行合理而有效的控制与管理，成功应对离岸服务外包中的任务困难与关系管理挑战，从而实现预期的项目交付与目标绩效，并提高客户满意度具有重要的现实意义。其结论与启示将有助于我国接包方企业在激烈的国际竞争中脱颖而出，提升我国服务外包行业在全球服务价值链中的市场地位与竞争优势，更好地践行中央政府所制定的服务贸易战略。

1.1.2　理论背景

1.1.2.1　服务外包绩效提升的相关研究

服务外包是一种特殊的组织间合作模式，随着这一模式的逐渐推演、发展与流行，有关服务外包的决策、实施与结果一直是学术研究的热点问题之一。尤其是离岸服务外包，由于它不仅跨越了企业边界，也跨越了地理、文化、制度等边界，所面临的不仅有组织间合作的一般性问题，也有跨国商务合作难题，如何提升外包绩效是接发包双方关注的焦点与理论研究的重点。具体来说，现有研究主要从以下几个方面探讨了影响服务外包成功的因素。

第一，外包业务本身的特征方面。由于外包业务的某些特征决定了外包双方交互的频率与整合的难度，因而与外包结果之间有着直接的关联。此类研究主要基于交易成本理论与信息处理理论，考虑了业务模块化、业务标准化或定制化、业务可编码性、业务变动性、需求不确定性、技术复杂性、知识密集度、结果可测度性等方面的特征程度对外包绩效和客户满意的直接或间接影响[9-15]。此外，还有少量研究认为外包业务对于发包方的重要性程度、其具有的风险连带性等也会影响到外包成功[16-18]。一般认为，当外包任务的实施难度更大，所涉及风险与不确定性越高时，外包绩效可能越低，而发包方与接包方之间的地理、文化、制度等方面的距离和差异可能会加剧这样的不确定性与风险[19-21]。因此，发包方应该谨慎决策离岸外包业务的种类、范围、程度与发包地点，以便尽量减小外包风险。

第二，发包方企业的资源、能力与战略方面。这类研究主要基于资源基础观的理论视角，将企业视为各种有形或无形资源（包括能力）的独特集合体，并认为当发包方越具有支持外包活动顺利开展所需的独特资源、能力以及战略准备时，其外包活动就越有可能取得成功[3,22-24]。相关的资源、能力或战略准备主要包括：技术能力，如 IT 基础设施、人员配备、无形资产等[11,25-28]；知识相关的能力，如特定领域知识、专业知识与技能、学习能力及外包经验和国际化基础等[17,23,29-32]；内部管理能力，如内部协调、人员与流程调整、高层团队支持等[33-36]；接包方管理能力，如对接包方的筛选、评估与关系维持等[21,25,37]；风险管理能力，如风险识别、评估与缓解能力等[38-41]。

第三，接包方企业的资源、能力与战略方面。由于接包方是外包项目的实际操作方，其资源与能力集合是完成项目任务的基础，会对外包成功产生决定性的直接影响，因此这是关于接包方因素中最受关注的方面。其中，受到最多强调的是接包方的组织资本，包括人力资本、团队稳定性、项目经理的能力与技能等[42-47]。其他相关的能力因素还包括技术能力、知识相关的能力、吸收能力、组织能力、跨文化适应能力等[28,48-53]。而接包方的战略考量则主要包括企业家导向和市场/顾客导向，意味着接包方愿意创新、积极主动、承担一定风险来开发新机会并围绕顾客需求进行运作的倾向[54,55]。总体来说，接包方在知识、技术、人力等方面的资源与能力越强，越关注市场与顾客需求，顺利完成外包任务的可能性也就越高，最终的绩效表现越好。

第四，对外包活动的控制管理，包括契约（contract，或称合约）、正式控制与关系控制等方面。作为正式的结构性安排，契约是具有法律效力的协议，为交易关系规定了清晰的框架，可以包含权利分配、资源投入要求、交易过程、项目实施、争议解决方法、期望实现的合作目标、关系期限和终止程序等问题中的规则和责任，因而能够影响和约束交易双方的行为动机与行为模式[56,57]。基于交易成本理论，此类研究主要探讨了合约的规模、类型、详细度、完备性等特征对外包成功的影响[12,26,58-61]。而除了合约的设计和签订之外，更为重要的是合约的执行与落实，因此也有部分研究聚焦在对项目实施的具体控制机制上，探讨发包方促使项目团队按照预期的目标或者方法行事的方式与途径，主要包括正式的过程（或行为）控制与结果（或产出）控制，以及非正式的氏族控制或社会控制等[62-66]。正式控制往往依赖于正式认可（通常是成文的）的制度性机制，包括清晰的目标界定、行动规范的设计和执行、反馈比较以及偏差修正，而非正式控制更多的是通过信任、承诺、互惠等非正式规范来减少受控方的自利性并促使其采取有利于合作的行为[67,68]。关注非正式控制的研究多以社会交换理论或社会嵌入理论为基础，探讨外包双方的相互信任、沟通、协调、冲突解决、共同行动、合作历史等关系因素如何促进外包成功的实现[69-75]。

1.1.2.2 现有研究的局限性

通过相关的研究回顾可以看出，现有文献就影响服务外包成功的因素进行了大量深入的探讨，并取得了一定的进展与结论。然而，当前研究仍存在一些薄弱之处，一些问题仍需进一步阐释，具体不足之处主要体现在以下几个方面。

首先，与外包业务的本身特征、发包方和接包方企业的资源、能力与战略等影响因素相比，对外包活动的控制管理与外包绩效之间的关系还未得到丰富与充分的讨论。现有研究探讨得较为全面深入的是事前（Ex-ante）控制，如契约规模、类型、完备性等结构性安排方面的影响，而对事后（Ex-post）项目管理中具体控制机制的作用分析还不够透彻与清晰，并且存在着分歧性的意见与结论。例如，毛基业等（Mao et al.，2008）[66]和姜玟求等（Kang et al.，2012）[76]都认为发包方所采用的不同控制机制对外包项目绩效具有正向促进作用，而其他学者如蒂瓦纳和凯尔（Tiwana & Keil，2009）[62]则发现发包方的过程和结果控制并不能有效提高外包项目的绩效表现。因此，有必要对各类控制机制的有效性做进一步检验。

同时，现有对外包控制问题的研究多从发包方的单边角度出发，考虑其控制机制的选择方式与作用效果，带有明显的"客户中心"式特征，而对接包方在项目管理中所施加的控制机制的作用不够重视。事实上，外包项目主要由接包方的特定项目团队完成，发包方与接包方的管理者都可以对其工作的方式与结果施加影响并以此来控制项目的执行与进展情况。因此，从控制的来源看发包方控制只是左右项目执行的控制力量中的一种[77]，仅仅关注发包方控制是片面而不完整的。考虑到接包方控制与发包方控制所依赖的途径与方式有所差异，其所扮演的角色、所发挥的功能以及所适用的情形可能都是有所不同的。而在现有文献中，只有零星几篇文章探讨了接包方控制对外包绩效的作用，如戈帕尔和戈桑（Gopal & Gosain，2010）[65]、扎亚拉曼等（Jayaraman et al.，2013）[78]、兰格等（Langer et al.，2014）[79]针对印度接包方所做的研究，并且极少考虑接包方控制与发包方控制之间的区别与联系，因此有必要引入接包方视角，同时检验双方的各类控制机制对外包项目绩效的影响作用。

此外，现有外包研究在讨论控制机制对外包绩效的作用时更多考虑的是直接影响，对控制机制在不同情境下的权变影响的理论探讨与实证研究还相对缺乏。而随着离岸服务外包业务的全球扩张与深化发展，外包项目的专业化与多样性需求开始升级，任务的复杂性不断增加，发包方与接包方之间的合作关系也在不断地演进与变革，可能形成不同层次的关系亲密度。因此企业所面临的具体项目情境越发复杂与多元，这使得一以贯之的控制方式难以适应不同的任务情境与关系情境。

尤其是，在同一个外包项目中，发包方与接包方可能同时采取各自的控制机制，它们之间可能并非彼此独立存在、互不干扰，而是会相互影响并共同决定项目绩效。因此，单纯考虑控制机制直接作用的现有文献还不够全面，需要进一步探究双方控制机制在不同的任务与关系情境下的权变作用与交互作用。

总体来说，现有的关于如何提升外包绩效的研究对基于企业层面的资源与能力因素以及项目层面的交易前因素有较多的探讨与一致性结论，但是对项目层面的交易后因素，尤其是项目管理中控制机制的作用缺乏全面而深入的探析，并且结论尚存分歧。同时，由于现有研究多从发包方的单边角度出发，围绕发包方的管理需求展开，即使有基于接包方视角的研究，也往往是在印度接包方的情境之下，因此既不能反映我国离岸服务外包行业的现实状况，也难以为我国接包方企业的项目管理实践提供有益的理论参考。这样的研究现状与我国在全球离岸服务外包市场上的重要地位是不匹配的，同时也敦促我们在中国情境下探究如何通过合理的控制机制的使用来实现更好的离岸服务外包项目绩效。

1.2　研究问题、思路与方法

1.2.1　研究问题

通过对实践背景与理论背景的描述、分析与总结，本书将研究焦点定位在"接发包双方控制机制对离岸服务外包项目绩效的影响"上。围绕这一中心议题，本书将主要探讨以下几个研究问题：

1.2.1.1　发包方与接包方分别施加的控制机制如何直接影响离岸服务外包项目绩效

控制一直是管理活动的基本职能与重要组成部分之一，并且能被应用在企业内与企业间等各个层面上，影响着经营与交易活动的产出成果。在离岸服务外包项目中，发包方与接包方可能出于各自的需要而对项目的执行加以控制。在已有文献中，发包方控制是否能有效提升离岸外包的绩效尚未达成共识，而接包方控制的角色与作用则尚未被充分讨论。本书研究将基于最常见的过程控制与结果控制的分类方法，同时检验发包方与接包方所分别采用的过程控制与结果控制对离岸外包项目绩效的直接影响，从而补充相关研究的不足之处。

1.2.1.2　在不同任务和关系情境下，双方控制机制对项目绩效的作用效果有何变化

各类控制机制对离岸服务外包项目绩效的作用可能并非一成不变，而是取决于不同项目情境特征的影响而呈现出不同程度的变化。与地理、文化、制度、外部环境等一般性情境因素相比，任务情境与关系情境是与项目管理和控制最为直接关联的具体情境特征，本书分别以任务复杂性与外包双方的关系亲密度来描述与指代[80]。任务复杂性是一个较为综合的概念，主要表现在任务实施的非标准化程度、所涉及知识体系与因果转化的模糊性、完成结果的不可预测性与不确定性等方面，在总体程度上反映了完成外包项目的难度[81,82]；复杂性不同意味着项目执行时的信息负荷、资源需求与绩效风险存在差异，从而带来不同的控制难度与挑战[9,83]。关系亲密度则是关于发包方与接包方之间关系状态或交易氛围的一种综合性描述，反映了双方的情感认同、互惠期望与互动程度[71,84]；双边关系亲密度不同，意味着发包方与接包方对彼此的信心和信任程度不同，认知冲突与利益分歧程度也有所差异，同样可能带来不同的控制要求与挑战[85]。因此，任务复杂性与关系亲密度构成了具体的外包项目中，双方采用相应控制机制时所面临的背景与条件。探讨上述两种情境特征是否会对发包方控制、接包方控制与项目绩效之间的关系产生不同的调节影响，有助于发现发包方与接包方的两类控制机制在不同复杂性与亲密度水平下的适用性以及应对相关挑战的有效性，从而更好地理解外包双方不同控制机制的功能、特点与作用。

1.2.1.3 在不同任务和关系情境下，双方控制机制的不同组合如何影响项目绩效

在管理实践中，不同控制机制的同时使用非常普遍，并且它们互相之间可能产生补充加强或者替代削弱的作用，因此有学者强调以组合的视角来研究各类控制机制的共同作用与弄清某类控制机制的单独作用同样重要[86,87]。在离岸服务外包中，由于发包方与接包方可能分别会对项目的执行施加控制影响，因此双方控制的同时存在将形成不同的控制组合，并共同影响项目绩效。由于现有研究更多聚焦于发包方的单方面控制而并未重视接包方控制，发包方控制与接包方控制之间如何交互并共同发挥效用也是被较少触及的问题，只在近年来才被少数学者（Gregory et al.，2013[88]；Joy & Poonamallee，2014[89]）所注意到并提

倡进一步的探究。同时，刘英和阿伦（Liu & Aron，2015）[77] 还认为由于发包方与接包方的各类控制机制具有不同的特质，组合在一起时对项目绩效的共同作用具有情境依赖性，不同组合可能与特定的情境相匹配而发挥出更大的效应。因此，本书在分别探讨任务复杂性与关系亲密度对发包方和接包方各类控制机制与项目绩效之间关系的调节影响的基础上，将进一步重点探讨双方不同的控制组合在上述两种项目情境下的共同作用，从而更为全面地剖析离岸服务外包中的控制问题。

1.2.2 研究思路与方法

基于上述界定的主要研究问题与相关研究目的，本书综合采用了多种研究方法，主要包括文献综述法、问卷调查法和实证研究法，并且沿着以下思路进行展开：

首先，全面回顾现有的服务外包研究，通过对国内外文献的整理、分析与总结，理清这一领域的发展现状、主要观点、所存在的局限与尚需进一步探讨的问题。在前人研究的基础上，结合相关的理论视角与我国接包方企业的具体实践，确定了以检验外包双方所施加控制机制的有效性作为研究目标，构建了包括发包方和接包方的过程与结果控制、任务复杂性、关系亲密度，以及离岸服务外包项目绩效等变量之间关系的分析框架和概念模型，并由此进行假设论证。

其次，本书借助问卷调查的方式获得分析样本和相关数据来验证所提出的研究假设。在问卷调查过程中，严格遵循问卷设计的标准步骤，在现有的优秀学术期刊中被广泛认可的相关量表的基础上设计问卷，以保障相关指标的信度与效度达到要求。在此基础上先对少数企业进行访谈和预调研，并在得到关于问卷内容的反馈意见后改进相关指标，从而使其更加贴合外包管理的实际情况。在随后的正式发放中，多通过现场拜访来回收问卷，从而得到较高的回收率。在将回收的问卷信息录入数据库之后，为检验所回收问卷的有效性，先对样本进行无偏性和代表性检验，再进行关键信息员资格审查以及共同方法偏差检验等，并保留符合要求的样本数据。为保证后续实证分析的可靠性，紧接着对所有数据进行了必要的指标净化与缺省值替代，以及信度与效度分析等。

在随后的假设检验中，本书采用了分层回归分析的方法，逐组验证假设所提出的各类控制的直接作用、调节作用和交互作用。在此过程中，为了保证检验结果的可靠性，本书遵循了分层回归的分析规则，并按照在回归模型中逐步加入控制变量、自变量以及交互项的一般顺序进行操作。

最后，在对研究假设的通过情况详细讨论的基础上，总结出本书的理论意义、实践意义、主要结论以及创新之处，并指出研究中尚存的局限和提出未来改进的方向。

1.3 研究内容与结构框架

1.3.1 研究内容

根据上述研究问题与思路，本书将结合理论分析和实证检验的方法来进行相应的探讨与验证，全书共分为七个部分：

第1章为绪论。主要阐述了本书的研究背景、问题、思路与方法。通过介绍离岸服务外包产业对我国国民经济的重要性并分析我国接包方企业所面临的挑战，提出了亟须解决的实践问题。并在有针对性地回顾概述现有相关文献的基础上，通过总结当前研究中的缺陷来引出本书的研究问题、目的和重要性。同时，本章阐明了全书的脉络安排，并归纳出全书的整体研究框架。

第 2 章为文献综述与评析。主要对本书的相关研究变量，包括服务外包控制、任务复杂性和关系亲密度的相关文献进行回顾与评述，并且对现有外包文献中探讨控制机制时所依据的理论基础，包括委托代理理论、交易成本理论、信息处理理论等进行了系统地梳理与回顾。通过对以往研究发现与理论应用的综述与分析，更细致地理清了其中的不足与缺陷，从而找准研究空白。

第 3 章是概念模型与假设部分。结合文献回顾与实地访谈所收获的信息与知识，构建本书研究的概念模型；并在明确界定各研究变量的内涵之后，提出有关假设并详细论述各变量之间的如何作用。

第 4 章分三个部分详细介绍了研究方法。首先描述了问卷设计的具体步骤与大规模调研的详细过程，并对回收样本的代表性进行检验，以及对其基本数据特征进行分析。其次详述了研究所涉及的各个变量的测量指标及其来源。最后对假设检验的实证研究方法的原理和具体操作过程进行了介绍。

第 5 章为实证分析与结果。本章完整报告了数据处理的过程与变量的信度、效度检验结果，以确保样本数据的可靠性，并通过描述性统计分析显示了数据的基本特征。最后，通过分层回归分析来验证所有的假设，并总结了所有假设的通过情况。

第 6 章为讨论与启示。对本书的各个研究假设的结果进行了逐一详细地讨论，并深入挖掘了研究结果为理论与实践所带来的启示。

第 7 章是对全书的总结与展望。简要回顾了所得到的研究结论与发现，详细阐明了本书的主要创新点，并针对研究不足而对未来改进方向进行展望。

1.3.2 结 构 框 架

综上所述，本书的研究内容与结构框架如图 1 - 2 所示。

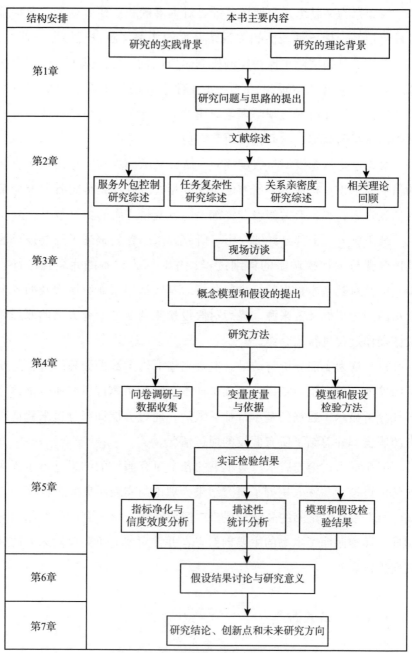

结构安排	本书主要内容

图 1-2　本书研究内容与结构框架

文献综述与评析

2.1　服务外包控制的研究综述

2.1.1　控制机制的内涵与分类

2.1.1.1　控制机制的内涵

控制的概念在管理理论与实践中一直占据着重要的地位,并与组织、计划和协调并列为管理的四大职能,意指经理人指导组织成员的注意力,促使或鼓励他们按照期望的方式去工作,从而达成企业目标的一种过程[90-92]。因此,在管理学意义上讨论的控制针对的是组织中的人员系统,即运营子系统,而对机器性能或者机械流程的控制不在讨论范围之内,除非它们是通过人工操作员的行为实现的[93]。控制通常被视为双边的,有一个施控方和一个受控方,并且具有目的导向,旨在确保个体成员的行动和决策与组织目的保持一致,可以在各个行为层面上产生影响，包括个人、小组、正式的子部门或者组织整体。

对控制的关注最初集中在组织层面上，并以基于董事会的组织控制结构为基本单位[94,95]，随后它才被应用到更小的组织单位，如项目团队中[96,97]，并随着企业间的业务联系越来越紧密而逐渐拓展到企业间管理控制的层面。不同的是，当施控方和受控方处于不同的组织内时，双方的角色界限可能不再清晰和稳定，控制的使用方式与作用途径变得更为复杂多样[98-100]，要达成的组织目的在不同情境下也可能变为客户利益、项目目标、联盟绩效或共同目标等。

而对服务外包活动的控制，既可以从发包方的视角出发，也可以从接包方的视角出发，既有企业间管理控制的特征，也有组织内项目控制的特征。因此在外包文献中，对外包控制的定义随着研究层次与出发点的不同而有所差异，但其实质（即施控方对受控方施加影响以达成预定目标）仍然较为一致。

控制机制（control mechanism）则指的是管制个体（或团队、组织等控制对象）行动的具体方法、措施、工具或手段，包含了人员监督、标准的运营流程、职位描述、绩效考核与激励系统等不同的方面，它们一起构成组织的控制系统。这一定义主要基于机械式控制论（cybernetic）的视角，全面考虑了目标或标准建立、衡量与比较、评价与反馈，以及采取纠偏措施的的系统流程[93,101]。其他一些学者在具体的情境下，从不同视角出发，通过对某些方面的侧重给出了控制机制的其他定义。例如，达斯和滕斌圣（Das & Teng，1998）[102]认为，控制机制指的是组织为了促使其目标的实现更有把握而将组织活动惯例化，并对组织学习、风险承担和创新等非惯例化活动加以鼓励的方法；在企业间关系研究中，加普和加内桑（Jap & Ganesan，2000）[103]认为控制机制主要是为了抑制合作伙伴的机会主义行为，保护专项投资，并促进交易关系延续而采取的保护措施；类似的，李垣等（Li et al.，2010）[104]认为控制机制是用来规范合作双方行为的结构化安排（structural arrangement），可通过缔造完备的正式契约或紧密的社会化交往来影响企业间的合作关系；另外，还有学者认为控制机制是降低信息不对称，增强信息沟通与反馈的具体信息系统或信息技术等[105,106]。

2.1.1.2 控制机制的分类

在具体分析讨论时，研究者往往根据控制机制的不同特征将它们分类为不同的模式（mode/pattern/approach/type）。最早将控制进行分类的学者是威廉·大内（William Ouchi），他与马奎尔（Maguire）在1975 年的研究中提出了组织中相互独立而非替代的两种控制模式：行为（behavior）控制和产出（output）控制，其分类依据在于控制的作用对象不同[92]；类似的，按照组织生产的流程，控制也可被分为投入（input）、过程（process）和结果（outcome）控制。其中，投入控制指所准备的人力物力资源，过程控制与行为控制同义，是对个人实施任务的方式的监管，结果控制与产出控制同义，监管的是工作成果是否与预定标准相符[107,108]。由于这些控制模式的实现依赖于正式认可（通常是成文的）的制度性机制，因此又被归类为正式控制机制，也是早期管理控制研究最主要的讨论对象[109-112]。

随着理论的拓展，研究者开始认识到内在激励的重要性，并把激发组织成员积极性或者自我约束的不明确的软性手段称为非正式控制，一般是通过社会化、相互交往以及个人友谊等方式实现[113,114]。非正式控制在很多情况下又被称为氏族（clan）或社会控制，强调促使同一社群或利益共同体的成员受到集体价值观、规范和信条的鼓舞或约束，使其在行动时具有团结一致性[86,115,116]。但在某些更为细分的研究中，氏族或社会控制被视为是非正式控制的一类，并与自我控制相并列，后者指的是受控方自发的、自定标准并践行的约束行为[97,117]。

而在组织间控制机制的研究中，除了应用上述组织内控制机制的分类方式以外，更多是从对交易关系的治理（governance）的角度对控制机制进行区分。与制度经济学研究类似，这些研究更多地将控制看成是治理的替代性表述而通常不对二者进行额外的区分[118]。这是由于治理主要是用来协同委托—代理关系中的双方的目标追求与行为动机，并解决代理方选择和激励约束问题的制度安排。从这个意义上说，治理类似于行为动机的控制，但不一定包含机械式控制论视角所强调的行为及过程的策划、监视与矫正等日常措施。最常见的分类方式是按照正式化程度分为正式治理（控制）和非正式治理（控制）。其中，正式化的判断标准是企业间是否有签订正式的契约或合同来规范交易和详尽地描述交易目标和过程，因为只有这样才具有法律效力的保障，才能降低交易风险和实现交易目标。因此，在对企业间管理控制（包括外包情境下）进行实证检验时，很多研究都直接用"正式合同"来代表或测度正式控制（有时也被称为契约控制或交易型治理）[104,119 - 122]。而组织间的非正式治理（控制）在很多情况下又被称为关系治理（控制），与社会控制或氏族控制一样，靠的是通过社会化交往过程形成社会化压力，因着互惠性原则消除企业间的目标不一致而达成预期合作绩效，不同的研究者分别从信任、关系规范、承诺、相互依赖、信息共享、共同问题解决等方面去测度组织间的非正式控制[123 - 125]。

在外包文献中，也有部分研究从更宽泛的股权治理的角度来划分发包方的控制机制类型。例如，萨尔托尔和比米什（Sartor & Beamish, 2014）[126]认为发包方控制机制是跨国公司用来整合离岸分支机构的手段，主要通过股权投资与共同决策来完成；类似的，也有学者按照发包方企业对接包方企业的占股比例将前者对外包活动的控制方式与程度分为三类：完全基于合同的第三方外包、合资公司和全资子公司[127 - 129]。

按照施行时的风格，外包中的控制机制还可分为单边（unilateral）控制和双边（bilateral）控制。其区别在于前者依赖于权威结构（authority Structure），如契约规定或组织内上下级规定，因此施控方可以单方面下达强制性指令并影响受控方的决策[130]；而双边控制则较少使用权力，而是基于关系规范，通过双向性的沟通与交往来彼此调整与适应[131]。类似的，也有学者按照风格将外包中的控制分为科层式（bureaucratic）和合作式（collaborative）两类[132]。

按照交易的阶段，卡森（Carson，2007）[133]将发包方的控制机制分为事前和事后两类，分别指的是事前的契约规定（契约的详细度与完整性）与事后的持续控制（监督、汇报要求与决策影响）两种模式。从某种意义上来说，事前的契约规定是一种"结构控制"，解决的是控制什么（what）的问题，而事后的持续控制是一种"过程控制"，解决的是怎么（how）控制的问题，根据对契约规定执行的严格程度可进一步分为机械式（mechanistic）控制和关系式控制两种[134]。类似的，也有学者认为，外包中的契约用来将关系正式化，其完备性代表的是结果控制，而落实契约并直接影响任务实施的措施是过程控制，可进一步细分为对于活动的控制与对能力（资源）的控制[79]。

除了按单一的标准，也有研究同时考虑多重标准而将控制机制分类。例如，在考虑到非正式控制的存在之后，大内（1979）[95]根据信息与社会条件，进一步将组织的控制机制分为市场、科层和氏族控制三类。其中，市场控制机制接近于结果控制，但是较少涉及评价与纠偏，而主要是通过基于绩效的契约来保证员工工作与组织目标相符，并且这种绩效可通过价格机制清晰而便捷地显明出来；科层控制机制则依赖于任务细分与层级关系的条例和规定，需要在严格评价以及成员对组织目标认同的基础上实现。类似的，服务外包文献中也曾将发包方控制机制分为市场型、科层型和信任型三类[135]，并将接包方控制机制分为结构型、行政型（administrative）和关系型三类[78]。而格雷戈里等（Gregory et al.，2013）[88]则同时考虑了控制的导向（流程、社会或混合）、程度（松或紧）和风格（单边或双边）三个标准，从配置（configuration）的角度将发包方控制机制分为权威型（authoritative）、协调型（coordinated）和信任型（trust-based）三类。

在前文描述的基础上，表 2 – 1 中总结了服务外包领域的文献中控制机制的分类方法和要点。虽然有诸多分类的方法与标准，但在本质上，不同类别下的控制机制之间其实有较多的重合与相通之处。总体来看，基于外包项目或活动层面（activity level）的过程（行为）和结果（产出）两类控制机制是最基本与常见的，因其涵盖并整合了计划、测量、反馈与评价—激励等最核心的控制要素，并且无论是发包方还是接包方施加的控制都可以这样划分。也有大量研究侧重于组织间层面的结构化或制度性安排，更多强调的是发包方通过机制设计（主要是正式的合同契约设计或者非正式的关系契约）来影响接包方动机，从而激励其做出符合发包方利益的行为选择。这类研究被认为仅关注了合同中所明确规定的协议，而忽视了合同签订之后所施加的控制手段来管理日常活动[136]。

同时，需要指出的是，虽然信任、文化、关系规范等关系性或社会性因素常被视为影响受控方的非强制性手段并作为非正式控制与契约、过程控制等正式机制一起讨论，但这样的处理方式在学界并未得到统一认可。有学者认为非正式控制属于广义上的控制模式，而狭义或者严格意义上的控制是通过正式契约或法律约束达成的[137]，也有学者认为，上述非正式控制更多的是鼓励组织成员通过抑制自利行为来实现组织利益，其本质上是一种激励措施而不属于控制的范畴[138]。因此，在外包文献中有不少的研究只考虑了狭义或者传统意义上的控制，即正式控制机制（主要是过程和结果控制），如卡森（2007）[133]、古德尔等（Goodale et al.，2008）[139]、兰格等（2014）[79]、刘英和阿伦（2015）[77]、毛基业等（2008）[66]、拉斯塔吉等（Rustagi et al.，2008）[140]、蒂瓦纳和凯尔（2007）[64]，以及蒂瓦纳（2008）[141]等。

表 2 – 1　　　　　　　　　服务外包研究中控制机制的分类

分类标准	控制类型	代表文献
正式化程度	正式：可按作用的对象分为行为、产出；非正式（或社会/氏族）：可按控制发起方分为氏族、自我	发包方角度：Tiwana & Keil（2009）[62]、Choudhury & Sabherwal（2003）[142]、Stouthuysen et al.（2012）[143]、Kang et al.（2014）[144]、Harmancioglu（2009）[145]；接包方角度：Gopal & Gosain（2010）[65]
组织生产流程	投入（或能力/资源）；过程（或活动）；结果	发包方角度：Liu et al.（2014）[146] 接包方角度：Langer et al.（2014）[79]
交易关系治理	契约（或结构化）；关系（或社会）	发包方角度：Poppo & Zenger（2002）[147]、Yang et al.（2016）[148]、Li et al.（2008）[149]、Handley & Benton（2009）[16]、Cao et al.（2013）[150]、Huber et al.（2013）[85]
实施风格	单边（或科层式）；双边（或合作式）	发包方角度：Gregory & Keil（2014）[132]
交易阶段	事前（或契约/结构/结果）；事后（或过程）：可按严格程度分为机械式、关系式	发包方角度：Carson（2007）[133]、Srivastava & Teo（2012）[134]
信息与社会条件	市场（或结构）；科层（或行政）；信任（或关系）	发包方角度：Langfield – Smith & Smith（2003）[135]； 接包方角度：Jayaraman et al.（2013）[78]
控制的导向、程度与风格	权威型；协调型；信任型	发包方角度：Gregory et al.（2013）[88]

　　在回顾了控制机制的一般性内涵、分类以及在服务外包领域的应用之后，下面将介绍在服务外包领域中围绕控制机制进行的各类研究与主要发现，主要包括控制机制的决定因素、作用效果以及这中间所包含的情境因素等几个方面。

2.1.2 控制机制的决定因素

不同的控制机制具有不同的特征和适用场景，如何根据实际的情况和条件来选择合适的控制机制是现有外包研究的一个重点。以研究的着眼层面来看，从微观到宏观，现有文献中关于控制机制的决定因素可以分为以下几类：项目层面因素、双方企业因素、环境因素、影响控制机制选择情境变量。

2.1.2.1 项目层面因素

项目特征又常被称为任务特征或交易特征。任务特征指的是项目所涉及的流程、任务或工作本身的复杂性、创新性、安全性、可编码性、模块化程度等特性。此类研究最早的关注点多基于威廉·大内等学者（Ouchi & Maguire，1975[92]；Ouchi，1979[95]）和劳里·基尔希等学者（Laurie Kirsch；Kirsch，1996[151]；Kirsch，1997[97]；Kirsch et al.，2002[152]）的代表性研究，认为控制机制的选择主要取决于结果可测量性（output measurability，与之类似的概念是结果可预测性）与过程可监督性（process observability，与之类似的概念是任务的可编码性与行为可观测性）：当任务的预期产出结果比较明确并且易于测量时应采用结果控制，当方法—产出过程（means-ends）非常清楚并容易监管的时候应采用过程控制，而当两样条件都满足时可采取成本较低的方式控制；当两样条件都不满足时则应该使用氏族控制等非正式手段来影响受控方的动机，从而促使其按照施控方的利益行事。其他促成更多使用结果控制的任务特征还包括创新性，因为这样会给受控方最大程度的自由去探索利用新的方法或知识来完成任务[133]，以及任务相连性（connectivity），即接包方所完成任务与发包方其他业务或流程之间所具有的相互依赖性[78]。

　　上述结论对发包方或者接包方的项目控制决策来说都适用，而交易特征更多的是站在发包方的角度，讨论其应该如何根据项目的不确定性和资产专用性（asset specificity）来选择合理的控制机制，从而降低交易风险和成本。综合来看，在不确定性方面：任务的复杂性、不可预测性、安全性与核心能力涉及度，以及项目规模的增加都会促进发包方正式控制（如契约控制或过程控制）的使用[80,140]，项目所使用技术的不确定性（如异质性和不连续性）对契约、行为和关系控制都有促进作用，需求的波动性会减少契约控制的使用，而供应的波动性会对关系控制有倒"U"型影响[145,148]；资产专用性方面，除了专项投资水平会促进使用正式契约控制的结论以外，格里菲思等（Griffith et al.，2009）[153]认为项目的非模块化程度、战略重要性、知识与技术的专用性也体现了资产专用性，当它们越高时，发包方应该通过控制接包方的数量不要过少、参与程度不要过高等方式来降低风险。

2.1.2.2　双方企业因素

　　双方企业层面的决定因素首先包括发包方与接包方的企业特征。不少学者认为当发包方拥有较多的项目相关知识、技术知识、关系管理知识以及项目经验时，应该减少使用过程控制而主要依靠结果或者氏族控制[145,154]；发包方的终端用户导向、与次包方整合的需要、与全球客户整合的需要以及全球控制力需要促使其与接包方制定正式契约、进行结构性控制，或者争取更大程度的股权投资以接近科层控制[78,129]；同时，发包方的外包动机属于效率寻求型时会主要采用过程和结果控制，属于创新寻求型时会主要采用社会和过程控制[144]；而当发包方对外包活动进行战略评估（包括能力评估和战略风险评估两方面）后，将会加强对契约控制（完备性）和关系控制的运用[16]；此外，当接包方具有较强的能力、承接经验和声誉时，发包方的正式控制程度也会降低。而从外包联盟的角度出发，李垣等（2008）[149]

认为外包双方获取隐性知识的动机将会促进企业间正式（契约）控制和社会控制的使用。

除了外包双方各自的企业特征外，发包方与接包方之间的关系特征也将决定发包方的控制机制。双方的关系不确定性，包括双方议价能力、关系依赖和相互信任等方面，将会决定发包方使用科层控制的程度[80]。而另外的学者认为，双方的信任关系会促使发包方减少使用正式控制[140]。此外，双方目标设定，文化融合和对角色期待（即对彼此的责任划分的认知）的明朗化都会促进正式控制的使用[66,142]。

2.1.2.3 环境因素

从更广泛的角度来看，发包方与接包方所处的环境也会影响前者控制机制的选择。首先，研究者关注的是接包方的市场环境，包括市场风险和不确定性，以及供应商集中度和市场壁垒等。当风险和不确定性增强时，或者市场集中度和壁垒增强、发包方选择发包对象的转换难度和成本增加时，发包方应该注意发展非正式的关系控制[135,145,155]。其次，发包方与接包方所处的国家之间的距离也带来了很多不确定性，这些距离包括文化的、地理的（空间与时间两个层面）、政治经济的、制度的，以及非正式制度的。当这些距离带来的不确定性增加时，发包方应该更多使用结果控制，或者增加股权投资以实现内部的科层控制[126,128,153]。最后，发包方所处的环境也会给其控制决策带来影响，这方面主要是发包方企业周边公司的选择所带来的示范或参照效应[127]。

综合上述回顾，本书将服务外包研究中控制机制的决定因素总结，如表 2-2 所示：

表 2 - 2　　　　　　　服务外包研究中控制机制的决定因素

因素分类	前因变量	应用角度	代表文献
项目/任务/交易特征	结果可测量性/可预测性，过程可监督性，行为可观测性、任务可编码性、复杂性、创新性、相连性	发包方和接包方均适用	Barua & Mani（2014）[80]，Rustagi et al.（2008）[140]，Carson（2007）[133]，Goodale et al.（2008）[139]，Nicholson et al.（2006）[156]，Kirsch et al.（2002）[152]
	交易不确定性（任务复杂性、不可预测性、安全性、核心能力涉及度，技术不确定性，需求与供应的波动性，项目规模），资产专用性（专项投资水平，模块化程度、战略重要性、知识与技术的专用性）	发包方	Griffith et al.（2009）[153]，Harmancioglu（2009）[145]，Yang et al.（2016）[148]，Choudhury & Sabherwal（2003）[142]，Handley & Benton（2012）[155]
双方企业特征	发包方知识水平、经验、流程整合需要、终端用户导向、全球控制力需要、外包动机、战略评估，接包方能力、经验、声誉，双方隐性知识获取动机	发包方	Kang et al.（2014）[144]，Liu & Wang（2014）[154]，Jayaraman et al.（2013）[78]，Handley & Benton（2009）[16]，Li et al.（2008）[149]，Langfield - Smith & Smith（2003）[135]
双方关系特征	双方议价能力、关系依赖、相互信任、目标设定、文化融合、角色期待	发包方	Barua & Mani（2014）[80]，Choudhury & Sabherwal（2003）[142]，Mao et al.（2008）[66]，Rustagi et al.（2008）[140]
环境特征	供应商市场风险、不确定性，供应商集中度、市场壁垒，双方距离（文化、地理、政治经济、制度、非正式制度），参照效应	发包方	Griffith et al.（2009）[153]，Gooris & Peeters（2014）[128]，Hutzschenreuter et al.（2011）[127]，Sartor & Beamish（2014）[126]，Harmancioglu（2009）[145]，Handley & Benton（2012）[155]

2.1.2.4　影响控制机制选择的情境变量

从表 2 - 2 可见，外包管理中控制机制的决定因素从范围到层次都是比较宽泛的，不同的研究者从各自的视角与理论出发会关注于不同的特定因素，此时一些其他层面的相关因素往往被视为情境变量，会影响主要关注的前因变量与控制机制使用之间的关系。例如，客户对所外包业务流程（如信息系统开发）的理解被视为是行为可观测性、结果可测量性与发包方控制机制之间关系的调节变量[152]。类似的，信任（包括契约、能力、善意等不同类型的信任）[76,135]、模块化程度[145]、任务的创新性[133]等可作为控制机制决定因素的前因变量也同时被认为是调节因素。此外，影响发包方控制机制选择的调节变量还包括外包活动的全球化[157]与信息技术能力[80]等。

2.1.3 控制机制的作用与影响

虽然实施控制的目的是实现组织目标，但不同的控制机制是否真的能有效达成最终目标是需要检验的。相对于控制机制的决定因素来说，外包文献中关于控制机制的作用效果的研究要少一些。在这类研究中，主要探讨的是不同的控制机制对最终绩效的影响，少数研究将关注点落在任务冲突、创新等方面。

2.1.3.1 控制所影响的外包绩效层次与其他结果变量

在控制机制对外包绩效的影响的研究中，绩效又分为好几个层次。首先，最常见的是项目本身的绩效表现或者发包方的满意程度，有的研究者又命名为合同绩效、交易绩效、供应商绩效或联盟绩效，主要从项目完成的效率、成本、质量、可靠性以及是否符合所有功能要求等方面综合测量[62,64,75,141,143,147]。为了更细致地探讨各种控制机制对绩效某方面的影响，一些研究将项目绩效细分为产品与过程[65,154,158]、效率与质量[159]、成本与质量[66,134]等不同的维度。同时，也有研究将项目完成所满足的双元性（一致性 VS. 适应性）[63,150]和创新性[133]程度视为项目绩效标准。其次，研究者重点关注了外包行为给发包方企业带来的整体影响，因此常以笼统的外包绩效或外包成功作为控制机制的结果变量，包括发包方所收获的财务、战略、运营、经济、技术益处以及总体满意度等方面[69,76,148]。只有非常少量的研究讨论了控制机制对接包方企业绩效和盈利性的影响[78,79]。除最终的各类绩效外，还有一些研究关注的是控制机制对一些过程性行为或状态的影响，如对任务冲突的影响[160]、对渐进式和突变式创新的影响[149,157]、对知识转移的影响[137,161]、对发包方与接包方之间关系的影响，包括信任、承诺与机会主义等[72,162,163]。

　　在具体的结论中，除了验证不同控制机制对于各类绩效的积极促进作用之外，现有研究也发现某些控制机制的作用并不明显，甚至会带来不利影响。其中，多个实证研究发现发包方的行为控制并不能带来更好的项目绩效或过程绩效[62,64,66,143,154]，而接包方的过程控制也不能带来更好的服务质量[65]。类似的，也有研究认为发包方的结果控制对外包绩效的直接作用不显著或者只在某些特定情形下才显著[62,64,154]，而接包方的结果控制对项目效率、客户满意和接包方盈利性有不良影响[65,79]；此外，契约控制在一些研究中也对最终的外包合作绩效没有明显的直接作用[69,78]。非正式控制中，发包方所依赖的氏族控制和自我控制被发现不能直接提升项目绩效，自我控制甚至可能降低项目绩效[62,159]；关系控制对质量绩效或接包方的企业绩效也无明显作用[78,134]。由此可见，控制机制的实施并非一定能达到预期的目标，其作用效果尚未在现有文献中达成一致性结论。

2.1.3.2　影响控制机制有效性的调节变量

　　产生这些差异化结论的原因，一部分在于控制机制的实施可能会受到情境因素的干扰与调节，从而呈现不同的效果。在影响控制机制与结果变量之间关系的情境因素中，很大程度上与上文总结的控制机制的前因变量有重合，包括任务本身的复杂性[83]、可编码程度[77]、模块化程度[141]、定制化程度[143]，发包方所拥有的项目知识与跨界活动[64,65]，行为可观测性、结果可测量性[154]，需求变动[62]与内外部环境风险[158]，国家文化[163]等。因此，这些因素既可以被视为是控制机制的决定因素、前因变量，也可以被视为是控制机制发挥积极效用的匹配性条件。在控制机制的选择中没有考虑到这些情境因素，很可能会带来不匹配的问题，从而给外包绩效带来不良影响。

2.1.3.3　不同控制机制之间的交互作用

事实上，各种控制机制独立存在并能被同时使用而形成控制组合（Control Portfolio，2011），它们互相之间可能互相促进，也可能互相抵消，从而共同决定最终的绩效表现[86]。在外包控制的相关文献中，也有研究探讨了不同控制机制的交互作用。

最早进行这方面探索的是波波和曾格（Poppo & Zenger，2002）[147]，他们基于不同的观点提出契约与关系机制之间到底是互补还是替代关系的研究问题，并在信息服务外包的情境下最终验证了它们之间的互补性；后续学者对这个研究进行了拓展，去探讨这种互补作用在不同国家文化下的表现[163]，或者更加细致地将契约机制细分为契约的活动规定、目标期待和契约灵活性三种维度，关系机制细分为信息交换、信任、冲突解决三种维度，并研究了不同维度的具体交互作用[75]；契约与关系机制之间的互补替代关系还被认为是不断动态变化的，需要动态平衡，互相影响[150][85]；在将契约视为事前控制时，有学者探讨了契约细致度与事后的控制风格之间的交互作用[134]，并通过案例发现结果控制与自我控制互补[142]；而在工程项目外包的特殊情境下，投入控制和结果控制与氏族控制被发现互补，并应该尽量避免使用行为控制，因其与结果控制相互替代[146]；蒂瓦纳和凯尔（2010）[63]研究了非正式控制与正式的过程与结果控制之间的交互作用；类似的，斯道夫豪森等（Stouthuysen et al.，2012）[143]讨论了不同业务类型（大众化 VS. 专业化）的服务外包项目中，非正式控制与正式控制之间的交互作用。最后，除了上述关注发包方的不同控制机制之间交互作用的研究之外，刘英和阿伦（2015）[77]还探讨了发包方和接包方的不同控制机制之间的交互作用。

综上所述，表2-3列出了服务外包领域中关于控制机制的作用效果的代表性研究及其相关结论：

表2-3 　　　　　　　服务外包研究中控制机制的作用效果

作者（年份）	研究情境	结果变量	主要结论
Poppo & Zenger (2002)[147]	ITO	交易绩效	发包方的正式控制（契约）和非正式控制（关系）都能增强交易绩效，并且二者的作用有互补关系
Carson (2007)[133]	研发外包	接包方绩效	当任务的创新性较强时，发包方事前的契约控制能促进供应商绩效，事后的行为控制则会降低绩效，有高度技巧的发包方能减少这种负面影响
Tiwana & Keil (2007)[64]	ITO	联盟绩效	发包方的过程和结果控制对联盟绩效都没有直接作用，但是边缘知识可以互补结果控制来促进绩效
Goo & Huang (2008)[162]	ITO	关系绩效	发包方的正式控制能够促进双方间信任和关系承诺形成，进而提升双方关系绩效
Li et al. (2008)[149]	服务外包	创新	发包方的正式控制有利于渐进式而不利于突破式创新，社会控制则有利于突破式而不利于渐进式创新
Tiwana (2008)[141]	ITO	联盟绩效	发包方的过程和结果控制都能够促进联盟绩效，而是模块化会降低前者的作用
Tiwana & Keil (2009)[62]	ITO	项目绩效	发包方的行为、结果和氏族控制对项目绩效都没有明显作用，自我控制会降低绩效，需求波动会更加剧这样的影响
Gopal & Gosain (2010)[65]	ITO	项目绩效	接包方的行为控制能促进效率而非质量绩效；侧重质量的结果控制可以提升质量绩效，但不利于效率绩效；侧重效率的结果控制可以提高效率绩效；发包方的跨界活动会增强控制的积极作用，减少负面影响
Tiwana & Keil (2010)[63]	ITO	双元性绩效	发包方的非正式控制在实现项目双元性绩效时与正式的行为控制有互补的作用，而与结果控制有替代的作用

作者（年份）	研究情境	结果变量	主要结论
Rai et al. (2012)[75]	BPO	发包方满意	关系控制可以取代契约控制，其中信任可以代替契约的活动规定、目标期待和契约灵活性三种功能，信息交换可以代替前两种功能，冲突解决可以代替取代目标期待功能
Srivastava & Teo (2012)[134]	ITO	项目绩效	契约详尽度与关系控制能够提高项目质量与成本绩效；机械式控制没有直接作用，但可以互补促进契约详尽度的作用，替代关系控制对成本绩效的影响
Stouthuysen et al. (2012)[143]	服务外包	接包方绩效	发包方的结果控制在大众化项目中能促进绩效，在专业化项目中会降低绩效；当非正式控制同时存在时，发包方行为控制对绩效的促进作用在专业化项目中比在大众化项目中更强
Jayaraman et al. (2013)[78]	BPO	接包方企业绩效	接包方行政型控制对接包方企业绩效有正向作用，而结构型控制和关系型控制均无明显效用
Langer et al. (2014)[79]	ITO	客户满意、接包方盈利性	接包方的活动（过程）控制正向促进客户满意和接包方盈利性，而结果控制会带来负面影响
Liu & Wang (2014)[154]	ITO	过程绩效	发包方的结果控制对过程绩效有提升作用，而行为控制作用不显著；行为可观测性和结果可测量性对两种控制的效用有所增强
Liu & Aron (2015)[77]	BPO	服务质量	发包方与接包方的行为与结果控制都能提升服务质量，在低流程可编码性下，双方行为控制互补，且发包方行为控制作用更强，在高流程可编码性下，双方行为控制互相替代，作用大小无差
Liu & Deng (2015)[158]	ITO	产品绩效	正式与非正式控制均能提高产品绩效，内部（外部）风险降低（增强）这种作用

续表

作者（年份）	研究情境	结果变量	主要结论
Handley & Angst (2015)[163]	ITO/BPO	接包方机会主义	发包方的契约控制与关系控制均有助于减少接包方机会主义，前者在个人主义和不确定性规避较低的社会中作用更强，后者反之，并且两种机制作用互补，而个人主义文化降低了这种互补性
Qi & Chau (2015)[69]	ITO	外包成功	关系控制对发包方外包成功具有积极的促进作用，而契约控制的作用不显著
Wiener et al. (2015)[159]	ITO	项目效率、质量	发包方的氏族控制有助于实现外包项目绩效，而自我控制并没有明显的作用
Lee et al. (2016)[160]	生产和研发外包	任务冲突	发包方的正式和关系控制均能减少任务冲突，且在研发外包中具有互补作用
Yang et al. (2016)[148]	物流外包	发包方运营绩效、满意度	交易型和关系型控制对发包方运营绩效和满意度均有正向促进作用

注：研究情境为"服务外包"表明包含各种类型的项目样本。

2.1.4 研究小结

通过对外包领域有关控制机制的研究的回顾，可以总结出以下几点。

首先，控制作为管理的基本职能之一，在外包研究中一直受到关注与重视。外包控制具有项目控制、组织内控制以及组织间控制等多层面的特征，其内涵与分类也在不断深化与拓展。控制机制作为实现控制目的的手段，种类繁多，并且可以按照各种标准进行归类，但最基本最常见的还是基于日常活动的过程与结果控制的分类，因其可能直接影响绩效，并隐含了对正式契约进行落实的含义。而信任、文化、关系规范等关系性或社会性因素具有非强制性的约束影响，有时也被视为广义的控制机制，但其实际结果并不能被很好地预测或评价，因此不属于最基本与核心的控制机制[94]。有时发包方与接包方之间的关系因素更多被视为是项目实施的关系背景[76]。

其次，现有研究深入地挖掘了控制机制（尤其是发包方所施加的控制机制）的决定因素，包括项目层面（任务特征和交易特征）、企业层面（双方企业特征与关系特征）、环境层面（市场、距离与周遭特征）等方面的前因变量。学者们通过定量的实证研究检验了不同前因变量对各类控制机制使用的促进性或者抑制性作用，以及它们彼此间可能存在的调节影响。了解这些研究对外包活动管理者制定合理的控制战略与有效使用控制工具具有一定的指导意义。

最后，相比控制机制的决定因素，现有外包文献对控制机制作用效果的研究显得还不够充分与深入。研究者探究了不同控制机制对项目、接包方企业、发包方企业等各个层面的最终绩效的影响，以及对任务冲突、知识转移、创新等过程性绩效的影响。但是，文献中关于各类控制机制的作用方向与大小还远未达成一致，既发现了控制机制具有减少机会主义、提高项目绩效、促进知识转移等积极正面的作用，也发现了降低接包方盈利性、增加项目成本等负向影响，或者发现某些控制机制并不能直接显著地作用于绩效。一些研究认为控制机制的效用具有情境依赖性，因此引入调节变量探讨控制机制在不同情境下的影响；也有研究不局限于检验各类控制机制单独的直接作用，而是探讨了控制组合中各类机制之间的交互作用，看它们如何共同决定最终或中间绩效。这些研究对更细致地弄清控制机制的作用机理与效果差异都是非常有意义的尝试，但它们往往局限于发包方控制的角度而忽视了接包方在项目管理中实施的控制机制的影响。因此，非常有必要进一步拓展外包项目中存在的控制组合范围，纳入接包方的控制机制，探讨其与发包方控制机制如何在不同情境下交互影响相应绩效，从而为实践者提供更为准确而实用的参考建议。

2.2　任务复杂性的研究综述

2.2.1　任务复杂性的内涵与来源

复杂性是外包项目任务情境中最主要也是最重要的特征之一，它与其他任务特征，如结果可预测性、过程可编码性、不确定性、模块化等具有较强的关联性甚至是重合性。由于单个外包项目可能由一个或多个具体的任务组成，并且许多研究把复杂性看成是项目层面的性质，因此任务复杂性有时也被称为项目复杂性。

对任务复杂性的关注始于 20 世纪 60 年代中期，并在 80 年代形成了基于伍德（Wood，1986）[164] 和坎贝尔（Campbell，1988）[82] 的较为常用的研究框架。伍德（1986）认为任务复杂性反映了完成任务时的规律性程度，并视其为三类因素的线性组合，即成分复杂性（component complexity）、协调复杂性（coordinative complexity）和动态复杂性（dynamic complexity）。它们分别指代的是完成任务所需的不同类别的行动的数量、不同行动之间的依赖关系（interdependency）以及前两个维度可能产生的变化。在此基础上，坎贝尔（1988）又添加了一些新的复杂性类型，如结果的多样性、不确定的方法—产出关系以及任务完成的多条路径等。

这一分析框架将复杂性视为是独立于任务执行者、执行情境的差异而客观存在的一种特性，因此可以对任务特征作出单独性描述。这种本体论的认识框架在以后的各类研究中被广泛参考与应用，并随着研究情境的变化而不断被拓展和充实。尤其是在项目管理领域，研究者常围绕任务构成要素及其相互关系来定义和探索任务复杂性，例如，威廉姆斯（Williams，1999）[165]认为结构复杂性带来了目标和方法的不确定，并视其为项目所涉及的单元数量及其彼此间依赖关系的总和；金和威尔蒙（Kim & Wilemon，2003）[166]认为研发项目中的复杂性取决于技术、任务要素和功能数量所引起的难度与不确定性，同时跟组织面临的任务性质有关；而普迪科姆（Puddicombe，2011）[167]则认为总体任务的规模大小并不能决定任务复杂性程度，主要应该看要素之间的相互关系是否清晰，即使任务的范围很庞大，包含很多的细节，只要能够清楚地分解和安排，执行起来也不会太复杂。

除了从内在客观属性的角度去定量刻画任务复杂性之外，一些学者也从认知论的角度出发，将复杂性视为任务执行人的一种主观的、心理层面的感知，强调任务的心理维度，如任务的重要性、任务的身份识别功能等[168]，有的研究甚至认为对复杂性的认识仅存在于行为人的观察与理解之中[169]。出于人的有限理性的假设，相同的任务对于具有不同认知能力、动机和任务经验的人来说，其复杂性感知可能是不一样的。格兰多里（Grandori，2011）[170]就指出复杂性问题包含了计算复杂性和认识复杂性两方面，前者指的是由于个人只能掌握有关决策的局部而非全部信息，因此会影响其对相关任务要素的数量和相互关系的理解，而后者指的是任务执行者对所面临情况和问题的理解可能是主观而片面的，受到其知识或知识来源的可靠性、可信度以及对知识的获取、保留、转移与利用等能力的影响。

但是，完全摒弃任务的客观特征而仅从主观角度去衡量任务复杂性的研究微乎其微，其结论也很难具有普适性，文献中更为常见的是结合了本体论与认知论两种观点。在最近发表在《美国管理评论》（*Academy of Management Review*）的一篇文章认为，分析任务复杂性时不可能将任务本身与任务执行者和任务所处情境严格分离开来，因此这一概念不应是理想化的任务本质描述而应体现在可观测的行为中，并且不局限于个体层面，而是可以应用到团队、部门、组织、市场等各个层面中[171]。

在外包领域的文献中，对任务复杂性的认识与测量呈现出多元化状态。既有单纯从客观角度出发，用任务的范围、大小、类型、规模（如合同金额或投入人力数量）等实际数字来代表任务的复杂性程度的研究[12,31,79,172,173]；也有侧重于直接由项目实施方或者发包方来总体感知评价任务复杂性的研究[142,143,174-176]；还有从主观和客观两个角度，结合感知打分与客观数据来综合评定任务复杂性的研究[13,30,174]。

尽管客观数据可以在一定程度上反映出项目完成的难度、所需的资源与涉及的知识，从而侧面指代任务复杂性程度，但略微笼统也不够直接；而由项目相关人员直接总体感知评价的单题项测度方法也缺乏具体的参照标准而显得过于主观，不够准确。较好的方式是设计出多题项的量表，就项目任务的各个方面进行针对性评价，从而全面反映其复杂性程度，不少研究就采纳了这样的方式（Barua & Mani，2014[80]；Narayanan et al.，2011[9]；Liu，2015[83]）。表2-4总结了现有外包文献中关于任务复杂性的定义或内涵，以及相关的测度方式。

表2-4　　　　服务外包研究中任务复杂性的内涵与测量

作者（年份）	定义/内涵	测量方法
Anderson & Dekker (2005)[172]	产出最终产品或服务所需的元素繁多并以不可预知的方式交织在一起的程度	产品或服务包含的范围与类别数量
Tiwana & Bush (2007)[175]	由项目规模、范围或技术新颖度带来的完成难度	单题项 Likert 量表
Rustagi et al. (2008)[140]	与任务相关的具体要求或中间结果的不可预测性	多题项 Likert 量表
Mani et al. (2010)[11]	低的任务可分析性（过程与结果清晰可确定）与高的变动性（完成任务方法不统一并且变动频繁）	外包双方信息交流的数量
Susarla et al. (2010)[12]	完成任务的手段与产出之间联系的不确定性	契约相关条款的数量

作者（年份）	定义/内涵	测量方法
Liu et al.（2011）[177]	任务包含隐性信息，事前难以编码或用契约规定的程度	服务类别
Narayanan et al.（2011）[9]	任务的定制化程度与知识强度	多题项 Likert 量表
Luo et al.（2012）[178]	任务的标准化难度与特殊性知识需求	多题项 Likert 量表
Handley & Benton（2013）[13]	任务带来高度信息负荷、多样性或不确定性的程度	合同金额、活动数量、定制化程度（单题项）
Larsen et al.（2013）[30]	任务非标准化程度与隐性知识流量；方法—产出不确定与不可知性；子任务间相互依赖性与路径—结果多样性	单题项 Likert 量表结合任务数量以及东道国与员工的分散程度
Barua & Mani（2014）[80]	低的任务可分析性与高的任务变动性	多题项 Likert 量表
Elia et al.（2014）[176]	外包活动管理的难度	单题项 Likert 量表
Hutzschenreuter et al.（2014）[20]	由更多的组织实体、新的东道国环境带来更大的协调难度和完成任务的难度	文化、治理、地理、经济距离
Langer et al.（2014）[47]	任务所包含元素的数量与相互关联程度	软件功能点数、日程压缩程度、团队规模与分散度
Liu（2015）[83]	任务不确定性、变动性与完成的难度	多题项 Likert 量表
Mani & Barua（2015）[31]	任务能被清晰定义、观察和证实的程度	契约类型
Benaroch et al.（2016）[60]	软件产品包含多个模块、数据来源以及与其他系统界面交互的程度	单模块或多模块的 01 变量

2.2.2　任务复杂性的特点

从表 2 - 4 中可见，在不同的外包研究中，由于研究背景与关注问题的差异，对任务复杂性的定义、内涵和测度会有不同的侧重与偏差，但它们也具有一定的共性，表现出外包任务复杂性的一系列特点。

第一，任务复杂性反映了完成外包项目的难度，并主要表现在所需要投入的时间、精力与资源上，因此当项目的规模较大、范围较广、非标准化而需要特殊定制化调整时，其复杂性也就相应增加[174]。同时，由于任务执行者在经验背景、知识层次与认知能力等方面存在差异，因此对完成任务的难度的感知可能也会不同[179]。

第二，任务复杂性与不确定性密切相关。不确定性可能由好几个层面的原因构成：首先是构成项目的子任务之间的联结不明确，相互关系具有模糊性，也即流程可编码性/分析性低。此时，外包项目所涉及的子任务的完成步骤需要在项目进行过程中逐渐探索，因为事先可能难以将总任务进行明确的拆分，也难以完全确定子任务的完成顺序与方法[81]。其次是完成任务的活动之间存在相互依赖性，因此某项活动的进展还需要得到其他方面的支持与协调，如果事先难以明确，容易带来适应性的难度以及与效率之间的冲突[38]。最后是由变化带来的不可预测性，体现了任务复杂性的动态演化特征[180]。任务系统中可能会出现始料未及的新问题或不同要素之间的新关系，使得外包双方需要采取一定的措施以适应新的状态和情况，从而加大任务实施的难度。基于上述几方面的原因，完成外包任务所面临的不确定性反映了项目的复杂性，反之，任务的复杂性也增加了不确定性，因此两个概念常常被互换使用，紧密相连[140,181]。

第三，任务复杂性牵涉到知识与技术的应用挑战。根据现有文献，任务复杂性还体现在项目运行时需要运用到很多的专业知识，有些知识可能是隐性而难以编码的，属于经验诀窍，如某个领域特定的技术知识，或者涉及发包方的商业领域知识（如银行业的客户特点与需求）等[182,183]。如果这些知识是否用到、何时参考在事先难以预料，而在项目开发/实施过程中又被接包方大量需要，只能通过逐步搜寻、探索来获得，并涉及知识共享与转移时，任务就具有复杂性特征。与之相关的，完成任务所使用的技术是否新颖或者前沿，是相对稳定还是频繁升级也将决定任务的复杂性。当涉及众多技术平台和系统要求，以及快速的技术革新时，需要任务执行者通过学习进行知识与能力升级，外包项目也呈现出较高的复杂性特征[175]。

第四，任务复杂性具有环境依赖性。离岸服务外包的本质是发包方将其内部的业务流程进行拆解，把其中的一部分流程或功能转交给接包方完成，再与其他相关流程进行整合的过程。它跨越了发包方和接包方的组织与地理界限，使得任务的完成不再只是位于同一地点的单个企业的内部事务，双方所处的环境特点也会对完成任务所面临的复杂性产生影响[184,185]。当双方的文化、地理、经济和制度环境差异较大时，会带来沟通不畅、理解分歧、协调困难等一系列问题，从而带来更大的复杂性难题。同时，环境的动态性，如新出现的法律规定、变化发展的市场需求与偏好、不断涌现的新技术方法或新流程等，可能使得现有技术或知识的适用性存疑，都会使任务复杂性随着环境的变化而发生改变[19]。

第五，任务复杂性带来更高的信息处理与协调需求。如前所述，任务复杂性不仅意味着项目牵涉的因素众多，并且各个因素间相互依赖而关系不明确，还可能发生动态变化。任务流程的可分析性较低意味着难以事先建立规则、步骤以及成型的方案来应对任务执行过程中潜在的问题，而较少的信息线索就需要更多的信息处理活动来确认完成外包任务所需信息的类型与用处[11,186]。复杂项目中各个子任务之间的相互依赖性也要求负责不同部分的人员之间能够紧密合作，互相协调推进项目进程，并分享必要的知识与信息，根据总体任务需要和项目状态变化来调整各自的行动，从而确保总体目标的实现。

因此，对外包项目任务复杂性的认识通常反映了上述特点中的某一个或几个方面，无论是用客观数字间接指代还是用主观问题直接测度这一概念，往往也都出于上述几个特点的考量。除了用单题项或多题项量表来衡量任务复杂性之外，一些研究还根据这些特点对项目或任务复杂性进行了不同的归类。例如，曲刚和李伯森（2011）[187]将软件外包项目的复杂性分为结构和动态复杂性两类；而离岸服务外包项目的复杂性被分为任务本身相关复杂性和地理相关复杂性两类[13]，或者被细分为任务构件之间的关系复杂性和项目实施的复杂性两类[30]。这些不同的分类方法有助于更深入全面地认识任务复杂性，并更细致地探讨不同类型复杂性的角色。

2.2.3　任务复杂性的作用与影响

作为最重要的项目特征或属性之一，任务复杂性在外包研究中常作为控制变量包含在各类模型构建与问题讨论中[64,141,143,174]。从前文对其特点的总结可见，任务复杂性会给外包项目的实施带来挑战与困难，从而影响外包活动的方方面面。除了把任务复杂性作为次要的控制变量之外，也有部分研究把它作为主要变量探讨其影响作用。

第一，任务复杂性会对外包绩效产生直接影响，并且多是负面影响。复杂的外包项目实施过程中的困难和不确定性，可能会引发诸如计划实施不成功、产生预期外的问题与结果等现象，随之带来的沟通、协调与纠偏等措施将会消耗额外的时间与资源，从而可能引起项目的质量不佳、成本超支、延迟交付等不良后果[166,188]。现有实证研究发现任务复杂性会增加成本超支（cost overrun）的可能性[71]，负向影响项目绩效[20]，并且可能会降低客户满意度[71,79]。而玛尼等（Mani et al.，2010）[11]认为任务复杂性决定了外包项目执行时的信息处理需求，它与外包双方信息处理能力的匹配程度将决定项目绩效的好坏。除了直接检验任务复杂性与最终绩效之间的关系之外，也有学者把任务复杂性视为外包活动隐性成本的主要成因，从而建议发包方审慎对待外包决策，提醒他们全面评估外包活动可能带来的利益（如成本节约）与潜在的风险。例如，汉德利和本顿（Handley & Benton，2013）[13]将外包隐性成本分为控制成本与协调成本两种，并发现任务规模与双方地理距离带来的复杂性会增加外包活动的控制与协调成本，任务范围和地理分散度带来的复杂性则仅会增加控制成本。拉森等（Larsen et al.，2013）[30]从有限理性的角度出发，认为任务构件之间的关系复杂性和项目实施的复杂性使得外包决策者难以事先准确预估项目实施所需要的成本，从而在决策时忽视一些重要的方面，在项目执行时才被动面对，最后使得项目实现的绩效（如成本节约）与预期的绩效有一定的落差，这种落差即可视为是外包的隐性成本。

第二，任务复杂性会影响发包方的外包决策，包括是否外包，外包地点与模式的选择等方面。蒂瓦纳和布什（Tiwana & Bush，2007）[175]从交易成本理论出发，认为任务复杂性越高对特定技能与经验的需求越高，内部化运营的风险会促使发包方更多地去依赖外部的专业化服务提供商，并且也实证验证了任务复杂性对外包倾向的促进作用。在地点选择上，研究发现比较常规、不太复杂或交互性较少的项目更容易被外包到别的国家，尤其是具有更好的制度保护并且在文化上与母国更接近的国家，而只要东道国的制度保护够好，也可能会承接到较为复杂的项目[177]。在模式选择上，当任务的可编码性低（即复杂性高）的时候，发包方应该选择增强所有权，以合资或者全资的模式来运营外包项目[129,176]；而巴鲁阿和玛尼（Barua & Mani，2014）[80]按照从低到高的科层性程度，把外包模式分为短期契约、长期契约、小股权联盟和合资共有四种类型，并发现当任务复杂性越高时，信息处理的需求越强，应该采取科层性程度更高的模式。

第三，任务复杂性将影响接包方的应对机制，尤其是整合机制。由于外包活动是发包方将同一价值链或服务链上的功能或活动分拆给不同的接包方分别完成再重新组合，这样的分散性容易产生协调与衔接的问题，从而造成外包任务的失败。任务复杂性更是加剧了这样的风险。纳拉亚南等（Narayanan et al.，2011）[9]认为接包方在应对业务流程外包的任务复杂性时，应该同时提高内部和外部的流程整合措施，使得外包任务可以与发包方的价值链活动无缝连接，但结果发现任务复杂性只对内部整合有显著促进作用，对外部整合作用则不显著。而在陆亚东等（Luo et al.，2012）[178]的研究中，又发现任务复杂性对接包方与其全球客户的流程整合是有促进作用的。此外，郑淞月等（2015）[189]还发现在创新型外包项目中，任务复杂性会促进接包方的有形或无形专项投资，进而提升其信息处理与知识学习等能力，最终能够更好地完成外包项目。

第四，任务复杂性决定了外包项目的控制机制，主要是正式控制的运用。拉斯塔吉等（2008）[140]认为任务所隐含的不确定性会促进发包方使用正式控制（包括正式会议、项目计划、进度汇报、系统测试等一系列措施）的程度。此外，任务复杂性影响更多的是发包方与接包方之间契约合同的选择与设计。例如，有研究发现在 IT 项目中，任务复杂性不仅会提高合同的宽泛度（extensiveness），还会影响合同所涵盖内容的结构，增加权利分配条款的比重[172]。也有学者将合同宽泛度进一步分为保障性、协调性和适应性三方面的功能，并发现任务复杂性与前两种功能的宽泛度正向相关而与适应性功能的宽泛度负向相关[60]。还有学者从不同的角度出发，认为任务的复杂性会使契约很难完备地覆盖到方方面面，并且带来很大的不确定性，因此会降低合同的宽泛度和持续时间，但是会增加合同的可延展性（extend-ibility），并且用二手数据印证了相关假设[12]。

第五，任务复杂性作为重要的项目情境因素，还会起到调节影响。其中，玛尼和巴鲁阿（2015）[31]在检验外包双方的组织间学习效果时发现，关系性学习无论是在简单还是复杂的外包项目中都能够增加价值创造，而过程性学习对价值创造的促进作用只在复杂性项目中有效。兰格等（2014）[47]从微观角度探讨了项目经理的从业智慧（practice intelligence）对项目绩效的提升作用，并且发现这种作用在越复杂的项目中表现得越明显。曲刚和李伯森（2011）[187]考察了软件外包项目中团队的交互记忆系统对知识转移的影响，并发现结构复杂性正向调节交互记忆专长度对知识转移绩效的促进作用，而动态复杂性则负向调节上述关系。此外，刘汕（2015）[83]将任务复杂性视为项目开发过程中的一类重要风险，检验了其对发包方的各种控制机制作用的调节影响，发现复杂性风险会增加结果控制与氏族控制对项目绩效的提升作用，但同时也会降低行为控制与自我控制的积极作用，因此需要注意任务复杂性与控制机制之间的匹配度。

2.2.4　研究小结

通过对外包文献中关于任务复杂性的内容的回顾，可以发现：

首先，与其他管理学领域尤其是项目管理领域一样，外包领域的研究对任务复杂性的认识主要从本体论和主观论两个视角出发，不仅从要素数量多、具有差异性/多样性、相互依赖性/相互作用、动态性等客观属性来衡量复杂性，同时也关注了任务执行者对任务完成的难度、可预测性、定制化程度等属性的主观感知。

其次，虽然任务复杂性的定义和测量在不同的外包研究中并不统一，各有侧重，但对其内涵的界定一般都具有一些共性的特点：任务复杂性反映的是完成外包项目的难度，涉及知识与技术的应用挑战，与不确定性密切相关，并且具有环境依赖性，从而带来更高的信息处理与协调需求。

最后，现有研究主要探讨了任务复杂性对外包项目起始决策、过程状态或最终绩效的直接或间接影响。在对外包绩效的直接影响方面，现有文献具有比较一致的结论，认为任务复杂性带来的主要是负面影响，表现在引起成本超支、质量不达标、客户满意下降、隐性成本攀升等方面。由于这样的负面影响，对任务复杂性的事前评估、预测或判断就会影响发包方的外包决策，包括是否外包、外包到哪和采取哪种模式等；而在外包决策的事后，任务复杂性会进一步影响接包方的应对策略，包括整合机制与专项投资等。此外，任务复杂性还会影响外包项目的控制机制，但这方面的研究主要是从发包方的立场探讨了契约合同的设计这种结构化安排，至于任务复杂性对项目运行过程中的日常管理控制，尤其是接包方对项目的管理控制的影响研究还有很大欠缺。虽然有研究从调节影响的角度探讨了任务复杂性与发包方控制机制之间的匹配问题，但如何同时考虑接包方的控制机制，并达成对外包绩效有益的配置状态还值得进一步探讨。

2.3　关系亲密度的研究综述

2.3.1　关系亲密度的定义与内涵

关系亲密度（relational closeness）是对外包项目所处的双边关系情境的一种表述。这一概念最初来源于人类学和社会学中关于人际交往的研究，用于形容个人之间区别于陌生人或好朋友的关系疏远或密切程度，并被定义为"可以持续相当长一段时间的，一种牢固的、频繁的、多样化的相互依赖性"[190]。而在管理学领域中，随着以格兰诺维特（Granovetter）和伍兹（Uzzi）等人的研究为代表的社会嵌入（social embeddedness）思想的不断发展与广泛应用，促使学者们将社会因素引入到对市场行为的分析框架之中，从而强调企业与顾客以及其他利益相关者之间关系特征的重要性。尤其是在关系营销、服务营销以及战略联盟等领域中，研究者认为企业有必要与顾客（客户）或者合作对象建立更亲密的关系以便获得更好的市场表现或合作效益[120]。但由于关系亲密度可以用于形容不同层次的交互关系，包括企业之间、个人之间以及企业与个人之间，因此现有文献中对其定义与内涵进行明确界定的并不多，多数情况下学者们从不同的研究角度给出自己对关系亲密度的理解。

在组织间二元交易关系情境下，一部分研究强调了个人关系的作用，认为关系亲密度指的是企业边界人员（boundary spanner）之间通过广泛的接触所建立的个人友谊与工作关系的亲密程度[191,192]。亲密的关系不仅意味着个人之间行为上的连接，如共同行动与私密信息的共享等，也意味着具有认知和情感上的纽带，如正面的喜好、信任和相互依赖等[120]。这种亲密关系可以作为企业间合作的黏合剂，增强了双边关系的稳定性，并减少任务协调所带来的不确定性[193]。

更多的研究聚焦在企业整体层面上，并从不同的侧面来认识组织间关系亲密度。例如，宋华等（2009）[194]认为关系亲密度就是指组织间关系的强弱程度，而这种强弱程度主要体现在组织间信任和承诺的水平上。类似的，福斯格劳等（Vosgerau et al.，2008）[195]认为企业间关系亲密度体现在关系规范和关系行为上，前者指的是承诺水平和对彼此福利的关心（也即互惠性）等规范，后者指的是专项投资以及问题出现时并不指责对方而是一起解决等行为。也有学者强调了时间维度，认为长期的合作关系就意味着关系的亲密度[196]。还有学者强调了交流与互动行为，认为关系亲密度指的是企业与客户之间交互的水平和商业关系的长度[197]，或者认为企业间的关系亲密度是关于双方间交互模式的函数，亲密度高主要体现在双方互动频率高、互动形式多样以及彼此间具有较强的影响力这三方面[198]。

虽然现有研究对关系亲密度的定义没有完全统一的认识，但总体上来看，在组织间管理领域中较为一致地认为关系亲密度是对双方交易氛围的一种概括性描述，反映了企业间关系介于一臂的交易型（arm's-length transactional）关系到紧密的伙伴型（close partnership）关系之间的程度[199,200]，因此关系亲密度体现了双边关系的连续性。需要注意的是，这里的连续性并不是指企业间亲密关系的建立必须要经历一系列连续的从弱到强的发展阶段，而是指企业间关系的形态处于某一时点时有别于其他的企业间关系形态，而这种差异的程度可以形成连续性的度量[201]。因此，在一定的条件与基础下，交易双方也有可能从一开始或者在短时间内就建立起比较亲密的合作关系。

同样的，关于关系亲密度的具体表现和测量指标在现有研究中也没有严格统一的标准。如前所述，不同学者有不同的侧重点，既有围绕某一方面特征而将关系亲密度视为一阶变量的，也有着重关注两三个方面而划分不同维度，将关系亲密度视为二阶变量的。此外，还有研究采用了更综合的视角考虑到亲密关系的各个特征，认为关系亲密度体现在总体的资源承诺、互惠性、双方交互的频率和强度等多个方面[202]。类似的，劳森等（Lawson et al.，2008）[84]认为采购商与供应商之间的关系亲密度是包括了双方关系的灵活度、面对突发情况时提供帮助的意愿、达成协议后的相互依赖性以及共同解决问题的行为等多个指标的一阶变量。这样的综合性指标在度量企业间的关系亲密度时显得更为全面，也更为准确。

服务外包项目作为发包方与接包方之间的一种服务交易活动，其交易双方的关系特征类似于其他情境下的组织间关系特征，如采购商与供应商、生产商与分销商，以及战略联盟等。虽然在外包文献中，关系亲密度这一概念并未被广泛地明确突出，但是反映关系亲密度的信任、承诺、互惠行为、信息共享、共同规范等因素受到较多的研究与关注，并被认为是外包成功的重要决定因素[16,66,69,71,75,160]。总的来说，亲密关系的建立意味着发包方与接包方之间有更紧密的自发性合作行为发生，彼此间的关系嵌入更深，而不只是算计性的交易关

47

系[42,69,203]。因此，在外包情境下，关系亲密度应该是一个体现了外包双方认知上的趋同，以及行为上的互惠与配合的综合性变量。

2.3.2　关系亲密度的决定因素

现有研究中，关于关系亲密度的前因变量的探究还不够深入，并没有形成完整体系，也存在一定的问题，总结起来，主要有以下几个方面的内容。

一是在组织间管理的文献中，由于不同研究对关系亲密度的定义与表现指标的理解有所差异，对关系亲密度的形成条件和培养因素的认识在某些方面显得比较模糊。例如，强调个人关系作用的研究认为，企业边界人员之间的关系亲密度可以由企业间的信任、承诺和信息共享等带来[191,204]，也有研究认为组织间的关系亲密度主要由组织间信任带来[202]，而这些前因变量在另外的研究中可能同时被视为是关系亲密度本身的表现指标或者维度之一[194,205]。由此可见，关系亲密度作为对企业间交易氛围的总体性描述，涵盖了交易关系的诸多社会方面表现，各种不同的关系行为或特征可能同时出现，也有可能先后发生并相互影响。

二是关系亲密度与其他一些决定因素之间的因果关系并不明确，可能会互相影响、循环发展，这类因素包括交易绩效、收益、满意度以及交易次数等。有学者认为，企业间关系亲密度最为常见的驱动因素是合作双方在近期交易中的绩效表现与收益情况[206]，即某个企业为交易伙伴所带来的良好收益会促使后者愿意与其建立紧密的关系连接并保持高度的尊重，也愿意在建立和维护关系时表现出足够的承诺[207]。而除了经济收益外，其他形式的收益还包括信心收益、社会收益和特殊待遇收益等，尤其是在服务交易中，它们可以使客户对交易不确定性的担忧降低，感受到被关注与重视，以及获得定制服务等特殊待遇，从而提高客户的满意度，使其愿意与服务提供商建立更亲密的关系[208]。也有研究认为，企业间关系亲密度由双方先前的交互强度和效度累积而来，最终在企业间形成类似于真正的团队活动的紧密合作关系[209]。这与格兰诺维特（1985）[210]所提出的，亲密双边关系的建立有两种方式，一是通过以前的私人接触或第三方推荐带来期望和信任，二是通过重复交易来逐渐加强关系连结的观点是一致的。但需要注意的是，上述逻辑反过来同样成立，研究认为亲密的合作关系也会带来更高的期望和信任，更好的交易绩效与满意度，并且提高重复交易和长期合作的可能性[211]。而不好的绩效表现，或者交易所得收益与最终满意度低于预期水平，则会给双方的关系维护带来一定的损伤。因此从长期的动态观点来看，关系亲密度与上述因素之间可能存在着相辅相成或者互相加强的关系，至于谁先存在继而促进后者的形成则可能是因情况而异的。

三是关系亲密度的前因变量里也包含一些较为明确的决定因素。首先，关系专项投资，包括专门的设备、设施、流程改造以及人员培训等[99,212]。由于专项投资的价值只体现在特定的交易关系中，也即难以在其他的交易关系中获得二次价值，从而使得投入专项投资的企业会非常重视当前的交易关系，并努力维持与对方的关系更加紧密[207]；同时，专项投资也向对方传递了一种风险共担、责任共享的友好意愿，以及对当前交易关系的高度承诺，从而提高交易对象对专项投资投入方的认可与信心，并且愿意与其建立紧密的合作关系[213]。其次，交易双方的相似性也会促进关系亲密度的提高，这种相似性可能源于交易双方边界人员在生活方式、地位和个人特征等方面的相似，也可能源于双方企业在文化、价值观和目标上的一致性[214]。这些相似性可能会暗示交易伙伴，在达成自身的组织目标时更容易得到对方的帮助，因而与这些具有相似性的组织建立交易关系更为明智，并且这些相似性减少了感知差异所带来的误解和冲突的可能性，激励交易成员表现出更多的信任与承诺，共同建立可靠而亲密的双边关系[215,216]。

四是交易伙伴之间的经济活动总是置身于客观的特定环境中，其关系亲密度也无可避免地受到外界环境影响。尤其是，当环境具有较大的动荡性或者不确定性时，未来状况可能很难预知，使得交易产出的起伏性变大，同时对交易伙伴保持灵活性的要求提高，而双方间的摩擦和感知到的冲突水平也会相对较高，因此很难在这样的环境中培养或者保持亲密的双边关系[217,218]。而同样会给关系亲密度带来负向影响的因素还有逃避职责、隐瞒信息、钻合同漏洞、违背承诺、故意制造错误等交易伙伴的机会主义行为[123,219]。这些行为会给交易伙伴带来利益损失，并且破坏了交易关系中的关系规范，使得受损失方不再认为交易关系是公平和善意的，并可能产生恐慌或者怨恨情绪，和谐的交易氛围将被怀疑和不确定性取代，从而难以继续提升或者维持原有的企业间关系亲密水平。

在服务外包领域的研究中，亲密关系所显示出的信任、承诺、互惠行为、共同规范、信息共享等特征也常被视为发包方可利用的非正式控制方式，因为通过这些方式可以对接包方行为产生某种非强制的软性约束[147,149]。因此，除了前文所列出的企业间关系亲密度的决定因素外，本书2.1.2节所讨论的关于服务外包控制机制的选择依据中的任务特征和交易特征也可视为外包双方关系亲密度的驱动因素与前因变量，此处不再赘述。此外，由于外包关系跨越了组织、地理与文化边界，发包方与接包方之间要建立亲密的合作关系需要克服上述各方面距离所带来的阻碍，因此外包研究者也特别强调了共同价值观与沟通交流对促进企业间信任，以及提升外包双方关系亲密度的重要作用[70,73]。

2.3.3　关系亲密度的作用与影响

由于亲密的双边关系可以作为企业间交易或者合作的润滑剂，其在交易关系中所发挥的作用往往被认为是积极正面的，但在过分亲密的程度下也可能会带来一些不好的影响。总结现有文献，关系亲密度的作用影响主要体现在以下几个方面。

第一，关系亲密度有助于提升交易绩效，从广义上来讲指的是企业从特定的交易关系中所攫取的经济性收益，如产品性能增加、市场地位提升、服务质量优化、销售收入提高等[123,197,220,221]。亲密的关系意味着交易伙伴彼此相信对方会关注自己所得到的福利而不完全出于自利倾向，因此能放下防备与算计而采取更多的合作与互惠行为，增加信息共享的频率和强度，减少监督和议价活动，从而提高资源利用的效率并最终促进绩效表现[205,207]。大量的实证研究都表明了企业间关系亲密度与企业绩效之间的正向关系，例如，在供应链管理的情境下，宋华等（2009）[194]发现亲密的双边关系使得交易双方不会在协作中计较利益得失或有机会主义行为，甚至因为足够的企业间信任而付出合同规定之外的努力来克服困难，贡献独特的知识来帮助对方解决问题，因此关系亲密度能够促进企业的物流供应柔性和采购供应柔性，从而改善其供应链绩效。在渠道研究中也发现关系亲密度可以提升供应商与国际分销商之间的合作效度，从而带来更好的市场绩效表现与关系满意度[222]。

第二，关系亲密度也有助于培养客户忠诚度，增加关系持续的意愿与未来交易的概率。长期与重复的交易关系有助于合作双方减少搜寻、谈判、决策与监督等一系列交易成本，因此对彼此都有利[122]。这在服务交易中尤为重要，因为相对于实体产品的交易来说，服务交易更倾向于建立长一些的购买安排，并且服务采购方在意的不仅是服务的正常交付，也包括与供应商之间互动的质量与感受[223]。除了重复交易意愿之外，客户忠诚度也体现在态度上的拥护与支持、对机会主义行为更大的容忍度，以及传播口碑的意图等方面。来自不同行业的实证研究都表明，企业与客户之间亲密关系的建立对上述的行为性或态度性忠诚具有促进作用[214,224 - 227]。

第三，关系亲密度有助于知识的共享、获取与组织学习。在企业间交易与合作中，亲密的双边关系中所包含的信任和信息共享使得企业间有更自由的思想交流和更深入的方案搜寻，从而带来更快更有效的学习；共同问题解决则提供了探索的机会和交流的渠道，有助于双方间隐性知识的转移与新知识的获取[228]。蒂瓦纳（2008）[229]的研究指出，较高的关系亲密度能促使经济行为的参与者详细解释、描述与倾听新颖和复杂的思想，从而增加企业间资源的转移，包括复杂知识与隐性知识的转移与整合。同时，企业间亲密的关系能够增加信息的可信度以及信息存储和转移的速度，从而降低信息不对称以及知识搜索和获取的成本[230]。此外，企业间亲密的关系有助于加深双方协同合作程度以及通过关系获取知识的信心，并且提高对有价值的、细密的信息与知识的识别、获取、理解和吸收的能力，从而加强组织间学习与知识利用[74,231]。

第四，关系亲密度还会影响企业的创新行为与创新结果，但是学者们在这方面的结论并不统一。一种观点认为，企业间亲密关系所伴随的善意信任、深度沟通和共同问题解决有利于真实的、稀缺的与创新的知识的转移与整合，扩大企业创新活动中的技术多样性，从而带来更好的创新成果[74,232-235]。另一种观点则认为，建立或维持亲密的双边关系需要很大的资源与精力投入，并且关系亲密度增加了社会网络的封闭性，很容易将交流范围局限在特定的圈子，从而限制了新思想的产生和流入，容易造成知识同质化与信息冗余性，最终对创新行为（尤其是突变式创新）和绩效不利[202,236,237]。也有学者结合两方面的观点，认为关系亲密度与创新绩效之间不是简单的线性关系，而是一种倒"U"型关系，或者随着不同的情境而变化，需要企业随机而动，选择平衡合适的关系亲密程度[238-240]。

除了可能会给创新活动带来一些负面影响以外，过度亲密的企业间关系所带来的负面作用还包括由于锁定效应而造成的退出壁垒与机会主义成本、认知同质化、资源和流程的僵化，以及过度承诺等[202,241,242]。此外，还有学者考察了关系亲密度对企业间正式控制或权力使用的影响，既有研究认为，亲密的双边关系能够形成一种双赢的思想与和谐的交易氛围，有助于企业间达成正式契约，并且亲密关系所带来的灵活性也使得具有合作意愿的双方能够从现有状况中获得经验教训用以改进后续的合约条款，因此关系亲密度能够促进正式控制的使用[243,244]；也有研究认为，亲密的双边关系所带来的信任、互惠、共同行动等意愿降低了企业间严格控制、监督以及使用苛刻规则的必要，从而可以取代或减少正式控制的实施[245,246]。与之类似的，张闯等（2012）[247]认为，当企业间关系亲密度越高时，渠道成员将倾向于较多地使用非强制性权力而较少地使用强制性权力。

在服务外包领域的文献中，发包方与接包方之间的亲密关系通常被视作是良性因素，会给外包的绩效收益、知识活动、创新结果等带来积极的影响。具体的，对发包方企业来说，亲密的双边关系能够促进其总体经营绩效[16,33,69,248,249]、战略/技术收益[70,73,250]以及创新绩效[157,251]，并提高对接包方所提供服务的满意度[52,71,75,148,252]；对接包方企业来说，亲密的双边关系不仅可以直接提高其财务绩效与市场表现，也能放大其人力资本、组织资本和管理能力对企业绩效的促进作用[42,52,78]，同时还能促进其在承接外包任务过程中的知识转移、获取与整合[253-256]。除此之外，对于外包双方共同关心的项目意义上的外包成功来说，亲密的双边关系也是推动项目绩效实现的重要因素之一，对于质量、成本、效率等各方面都有不同的促进作用[18,66,68,257]。

2.3.4　研究小结

服务外包属于一种特殊的企业间合作形式，与渠道关系、供应链管理等类似，当开发或实施项目时，发包方与接包方之间的不同关系形态会在很大程度上影响项目结果的实现。通过总结回顾企业间关系亲密度的现有文献，我们会发现：

第一，如同人际间的关系亲密度反映了个人之间区别于陌生人或好朋友的关系疏远或密切程度，企业间的关系亲密度也反映了交易伙伴之间介于一般的交易型关系和紧密的伙伴型关系之间的程度。对于关系亲密度所具有的内涵与表现形式，出于不同视角的研究有着不同的认识，而在外包情境下，通常体现在信任、共同规范、信息共享、互惠行为等多种关系因素上。

第二，企业间亲密关系的形成有赖于诸多不同因素的影响。由于关系亲密度反映在多方面的社会性表现，各个不同的关系行为或特征可能会相互影响并共同决定双边关系的亲密程度。同时，交易绩效、收益、满意度以及交易次数和长度与关系亲密度之间也存在着相辅相成、互相加强或者削弱的关系。现有研究还发现，关系专项投资与交易双方的相似性都有利于企业间关系亲密度的形成，而环境的动荡性与机会主义行为则会给关系亲密度带来不良影响。此外，在外包情境下，任务特征和交易特征也能成为外包双方关系亲密度的驱动因素。

第三，关系亲密度在企业间交易或合作中所扮演的角色多是积极正面的，但在某些情况下也会有不良影响。通过对现有文献的梳理，我们发现企业间的关系亲密度有助于提升交易绩效、培养客户忠诚度、增加重复或长期交易的概率、促进知识共享/获取与组织学习。但是对创新活动（尤其是突变式创新）来说，关系亲密度可能是驱动力，也可能是阻力，并且过于亲密的企业间关系还可能带来认知同质化、资源和流程的僵化，以及过度承诺等问题。除此之外，亲密的双边关系与企业间正式控制的关系也存在争议：亲密的关系会促进正式控制的使用，或者亲密的关系会减少正式控制的使用，两方面的观点都能找到理论依据与实证支持。上述争议性结论一般是通过探讨关系因素对正式控制的直接作用来检验的，而关系亲密度作为一种交易氛围或背景的描述，对企业间正式控制的作用起到怎样的调节影响还需进一步探讨。同时，在外包情境下，对项目的管理不仅有来自发包方的企业间控制，也有来自接包方的企业内控制，后者对项目绩效的作用如何受到外包双方关系亲密度的影响，尚属未被涉及的问题，因此也值得进一步深究。

2.4　相关理论回顾

在回顾总结了现有外包文献中围绕控制问题以及两类项目情境的主要研究内容与结论之后，下面将对现有文献中探讨外包控制所依据的相关理论进行回顾与评析，主要包含委托代理理论、交易成本理论和信息处理理论。

2.4.1　委托代理理论

委托代理理论（agency theory）是探究委托代理关系中的委托方通过何种方式来解决代理问题，促使代理成本最小化的理论体系。当一方或多方（即委托方）聘用另一方（即代理方）来代表他们从事某些活动，包括把若干决策权托付给后者时，委托—代理关系就形成了，如企业的所有者和经营者之间就存在这种关系[258,259]。而代理问题则指的是代理方为了实现自身的利益最大化而采取机会主义行为来损害委托方的利益，它主要有逆向选择（adverse selection）和道德风险（moral hazard）两种表现形式[260]，如企业员工可能侵占公共财产、隐瞒自身的能力缺陷或夸大对工作的投入与努力等。

产生类似代理问题的原因主要来自三个方面：第一，委托方与代理方之间的信息不对称，由于代理方所掌握的实际信息往往更多，并且可能会为了自身利益而对某些信息有所隐瞒，委托方却难以知道代理方真正在做什么，因此后者可以依托信息优势做出更多对自己有利的决策；第二，委托方和代理方之间也存在着目标的不一致性，如企业的所有者和经营者之间可能存在着利益分配的矛盾或者偏好分歧；第三，委托方和代理方之间往往还有着不同的风险偏好，如企业经营者相对所有者来说承担更小的失败责任或风险，因此可能倾向于采取高风险高回报的策略提升自己获得更高收入的可能性[261,262]。

委托代理理论的核心内容正是探讨如何减少上述代理问题，即委托方应当如何设计适当的约束或激励机制来促使代理方遵循委托方的利益目标行事，从而使其代理成本最小化。在现有文献中，这些机制可大致分为报酬合约与信息系统两大类[258,263]。前者主要包含基于行为的合约（如固定薪水、科层式治理等）和基于结果的合约（如绩效提成、股票期权、市场式治理等）两类。尽管报酬合约的种类与方式在不断发展而变得多元，其所遵循的原则仍然较为一致，即委托方通过了解代理方明确或者隐含的需求效用来拟定或调整相应的报酬合约，从而使其代理成本实现最小化[258,262]。而信息系统的机制指的是委托方所采取的、能够减少与代理方之间的信息不对称，获取和掌握代理方信息的方法和技术等，因此早期主要是预算编制制度、报告程序、董事会和附加管理层等管理策略，随着理论的发展才包含现代意义上的信息技术等，并且信息系统的形式也随之更为丰富[259,262]。

由于委托代理关系的普遍存在性，委托代理理论被广泛应用于管理学的各个研究领域，并作为理论依据来分析整体组织、企业股东或者管理人员等各类委托主体如何应用约束或激励措施，以及评定这些机制在增强治理效果、减少代理问题等方面的有效性。在服务外包项目中，发包方与接包方企业之间是一种典型的委托代理关系，因为发包方将原来在企业内部完成的业务流程、任务与工作委托给接包方来完成[71,264]。并且，不同的企业文化、知识背景和行为特点等使得双方的沟通与信息解读方式有所差异，而这种信息不对称性还会被离岸情境所带来的文化、地理和语言等方面的距离和差异进一步放大。再加上双方在目标追求和风险偏好上的不完全一致（有学者甚至认为发包方与接包方之间是零和博弈），因此代理问题在服务外包关系中也具有普遍性[48,142]。现有外包研究也在很大程度上依赖于委托代理理论来探究发包方如何利用一系列具体的控制措施来降低代理成本，包括权衡外包的范围与程度[175]，将任务拆解分散给不同承接方[265]，设定固定价格、时间—材料或收益共享等不同形式的合同[266]，监督接包方的项目进程（过程控制）[155]，以及将项目分期进行、基于结果的奖金、设置相应的惩罚机制（结果控制）、使用更先进的信息系统（过程控制）[267]等。

　　而事实上，外包管理的特殊之处在于，对具体外包项目的管理中其实存在着双重的委托代理关系，除了发包方与接包方之间存在这样一层关系之外，在接包方企业内部的项目管理人员与实际完成外包任务的项目团队之间也存在着委托—代理关系[65,77]。在接包方项目管理者把任务分配给团队成员时，也面临着后者出于自利行为而出现的偷懒、不认真工作、违规操作等代理问题，因此需要采取相应的激励和约束机制来促使其投入时间与努力来完成任务。而在现有研究中，多将外包关系中的代理方认定为接包方企业整体，常常忽视了其内部还存在的代理问题，但在讨论发包方所采取的约束和激励机制（也即控制机制）时，又常常将控制对象落脚到具体负责外包任务的团队个人身上（Choudhury & Sabherwal, 2003[142]；Tiwana & Keil, 2009[62]），这种做法并不是完全确切的。因此，委托代理理论为辨析外包管理中双重代理问题的存在，以及发包方与接包方各自实施控制措施的必要性与有效性提供了理论依据，而现有研究对上述现象的探讨还值得进一步的拓展与深化。

2.4.2　交 易 成 本 理 论

交易成本理论（transaction cost theory）与委托代理理论同属于新制度经济学的范畴，具有一定的共同点，如它们都有关于经济活动参与者的有限理性和自利行为的基本假设，并且在讨论如何选择合适的治理/控制机制时具有类似的因变量（科层式机制对应的是基于行为的合约，市场式机制对应的是基于结果的合约）[268]。不同之处在于，委托代理理论聚焦于如何减少委托方的代理成本，主要考虑的是减少人的行为所带来的不确定性；而交易成本理论以交易关系为基本分析单位，关注的是如何降低交易成本并决定企业边界[269,270]。

具体来看，交易成本发生于一项交易完成的前后，包括了事前的信息搜寻、协商谈判、决策评估成本，以及事后的监督惩罚、违约追究成本等一系列支出与费用[269]，其总额大小取决于交易主体（人）以及交易特征等各类因素。前一类决定因素是由于人的理性总是有限的，所掌握的信息难以达到完全而作出最合理决策，因而需要付出相应的监督和信息传递等交易成本以便获取更充分的信息；同时，交易主体一般都具有机会主义倾向，在经济活动中总是尽可能使自身利益最大化而不惜损害对方利益，要抑制这种倾向可能也需要付出一定成本[270,271]。从交易特征来看，可从资产专用性、交易频率与交易的不确定性与这三个维度来衡量交易成本的大小。其中，资产专用性的程度越高表示当交易中止时，专为此交易所投资的资产难以回收成本或改变用途，这意味着锁定（Lock-in）效应或者套牢的风险越大，交易伙伴也就越有机会主义倾向，需要额外的防范和管理成本；交易频率越高会加深双方的了解并降低信息收集成本、协商成本和决策成本等；而交易的不确定性则可能由交易本身的复杂性带来，也可能由于环境的不可预测性和变化性带来，使得事前的预测与规划有困难，事后的监督也有难度，并可能需要调整与变化来适应环境，从而增加了交易成本[272,273]。

交易成本理论的核心在于讨论如何使用不同的机制来控制和协调不同属性的交易，使得交易成本最优化[269]。具体来看，对于资产专用性和不确定性较低的交易可以采用市场机制，以便以更低的成本来配置资源；如果交易具有频率高、资产专用性高，以及不确定性高等特点时，则应该使用垂直一体化的科层机制，将交易活动内化为企业内部行为，从而有效防范机会主义行为和减少交易成本；而当上述三种属性都处于中等程度时，可以采取混合机制（hybrid governance），指的是综合使用具有双边性特征的管理手段，以便双方在维持交易关系的义务的同时仍然保留各自的独立性[274]。混合机制虽然比较复杂多样，还是可以大致分为两类：其一是诸如正式监督、契约合同以及奖惩规定等较为正式的机制；其二是诸如信息共享、亲密的长期关系以及共同行动等比较非正式的机制[275]。这些方法都被视为是市场交易和垂直一体化之外的可用来防范交易伙伴的机会主义行为的有效机制。

由于对企业间治理原因与目标的关注与分析，使得交易成本理论成为企业间管理的相关领域，如营销渠道管理、供应链管理和战略联盟等研究所广泛应用的理论基础。而服务外包也属于一种特定的企业间交易形式，同时参与方在不同情况下面临着不同的交易风险，发包方对于它的管理，往往需要采取介于市场机制与科层机制之间的混合机制。交易成本理论常被用作分析框架，从不确定性、资产专用性等方面解构具体的外包活动所隐含的交易风险与成本，为发包方是否应该做出外包决策提供了重要的解释依据[276-279]。更重要的是，交易成本理论为发包方如何针对具有特定交易属性的外包活动采取适当的控制机制提供了相应的理论支持。这些机制多集中于明确规定了双方角色、权利、义务与交付目标的正式契约，或者具有模糊性与灵活性的关系机制等方面[78,148,149,163]。总体说来,外包文献中对于交易成本理论的应用主要聚焦于企业间交易层面,多是从发包方的利益点出发,考虑如何有效抑制接包方的机会主义行为从而提高前者的经济收益。与委托代理理论相比,交易成本理论不能解释项目管理中接包方内部的控制行为,但在检验发包方控制时,它将交易属性与有关个人和组织的行为假设联系起来,更全面地考虑了交易对象的属性特征、交易伙伴特征及环境特征等不同因素与所选用控制机制之间的匹配问题。

2.4.3 信息处理理论

除了从经济学的成本角度来解释控制机制存在的必要性与有效性以外,现有研究也从信息处理理论(information processing theory)的视角来分析外包控制的类型与作用[77]。信息处理理论将企业或组织视为一个开放的社会系统,也是具有有限理性的信息处理网络,在运营过程中并不总是处于明确的、被充分认知的决策环境中,可能出现不可预知的情况。换句话说,企业的运营环境中往往面临着不同层次的不确定性或者偶然性所带来的挑战[280]。

一方面,这些不确定性意味着企业在完成某些任务时所需要的信息量与已拥有的信息量之间存在着缺口,需要获取一定数量的数据资料,将其转化为有用的新信息并用来解决相应的问题。这些为了克服任务环境的不确定性并为企业决策提供更多支持,需要被企业成员所收集、解读、交流和存储的关于企业活动的数据资料又被称为信息处理需求[281]。另一方面,信息的丰裕性或者说模糊性也会使企业处于一种紊乱、不明确和缺乏认知的决策环境中,因为对组织状况的解释可能是多样、矛盾或模棱两可的,不清楚要问或者解决什么问题,在这种情况下,也会带来更多的信息处理需求[282]。在进一步追溯造成信息处理需求的不确定性来源时,学者们在不同的情境下着眼于不同的方面,它们可能源于任务本身,如任务的不可分析性、变动性、差异性、相互依赖性等[283,284],也可能源于技术的变动性、更新速度与频率等[285],还有可能源于企业与合作伙伴的关系不稳定、亲密程度不足或不可预测等,以及宏观环境,如政策或者竞争环境的动荡性等[286]。

信息处理理论的核心思想认为,企业应该努力提升信息处理能力来满足信息处理需求,降低组织运营的不确定性,从而实现组织目标;也就是说,企业的信息处理需求和信息处理能力之间的有效匹配是实现既定绩效目标的关键[287]。而建立或提升信息处理能力的途径在早期研究中主要分为三类:第一,纵向科层体制的设立,指的是用程序和规则来控制企业内的劳动分工和彼此依赖的行动者之间的互动流程,使其具有可预测性;第二,组织成员间横向关系的建立,使得问题发生后可以当场解决而不用上报;第三,对组织信息系统的投资,使得信息可以被更快处理而不使企业的正常沟通渠道过载[280,287]。由于早期的研究主要关注企业内部的信息处理能力,因此更多讨论的是组织成员的动机与认知都较为一致的情况下的组织结构与机制设计。而在企业间关系中,存在着特有的动机冲突和认知冲突,前者源于交易双方的机会主义倾向,并会影响彼此准确处理所需信息的积极性,后者则源于两个独立的企业间缺乏共同沟通的基础,使得双方缺乏对决策规则的共同理解[288,289]。因此当信息处理理论应用于企业间的合作管理时,虽然也意味着信息处理需求与能力之间的匹配会带来良好的合作绩效,但传统的信息处理能力的实现方式有所调整与拓展,例如,组织间的治理结构(如正式契约)对应替代组织内的科层体制,组织间的信息渠道拓展对应代替组织内的信息系统投资等[11]。

具体到外包情境中,单个的外包项目可被视为是类似于合资企业的临时性组织,它有来自不同利益方的参与者与管理者,并且跨越了地理与组织的边界[88],因此外包项目顺利运营所面临的信息处理需求相比单独的封闭式组织来说更为复杂。现有文献认为，任务的不确定性与发包方—接包方关系的不确定性是外包项目有效实施所面临不确定性的主要来源。前者主要由任务的复杂性、模块化程度、安全性等方面决定，而后者主要由外包双方的相互信任、议价能力、彼此依赖程度等方面决定[9,80]。因此，在外包项目中，由任务环境所带来的外生性（exogenous）信息需求要处理，由发包方与接包方之间的关系环境所带来的内生性（endogenous）信息需求也要处理，而项目管理所带来的信息处理能力需要与上述的任务环境与关系环境都匹配，才能实现预期的项目目标[80]。并且，在这种情况下，外包项目的治理结构与控制控制是实现信息处理能力的关键性保障[11]，因为经理人通过实施控制措施，可以促进项目运营相关信息的传递与处理，并确保项目团队成员在需要的时间或地点能够处理信息从而有效完成工作任务[290]。

总的来说，信息处理理论从满足任务完成信息需求的角度，为认识控制的角色与作用提供了一个全新的视角。这一视角对外包控制研究来说显得尤为重要，因为外包项目的成功不仅需要防范机会主义倾向，确保项目团队认真努力地达成既定目标，还需要发包方与接包方之间的有效沟通、互动与合作，而这些可以在控制机制的保障下进行。并且，信息处理理论从分析带来信息处理需求的不确定性的来源出发，考虑不同控制机制的信息处理特点是否与之匹配，为论述控制机制对外包绩效的权变影响提供了完备的分析框架。

2.4.4　理论对比与评析

经过前文的论述，可以看出，委托代理理论、交易成本理论与信息处理理论具有一些相似的基本假设（如人的有限理性假设）与研究变量（如治理结构或控制机制），同时又有不同的侧重点，应用在对外包控制的分析时，三种视角可以互为补充，分别解释了外包控制的不同方面。

其中，委托代理理论与交易成本理论从经济学的角度强调了控制机制统一行为动机、抑制机会主义、降低代理成本和交易成本，从而提升绩效的作用。并且，委托代理理论可以同时应用于企业内和企业间层面，解释了外包项目中双重代理关系与控制机制的存在，但是只考虑了人的自利行为所带来的关系风险。交易成本理论虽然只应用于企业间层面，但在关系风险之外同时还考虑了交易特征本身所带来的绩效风险，因此还包含了任务环境的不确定性应该与控制机制相匹配的思想。而信息处理理论的引入，则解释了控制机制除了监督与激励的作用之外，还有促进信息交换、传递和处理的作用，降低了外包项目因为信息不足、沟通不畅、协调不力所带来的失败风险。同时，信息处理理论所包含的权变思想也有助于理解不同的控制机制及其组合的使用在不同的外包任务环境和关系环境中的适用性。

总体来看，三种理论的联合使用为我们认识与分析外包控制提供了更为全面、可靠的理论框架与基础。表2－5总结了从上述三种不同的理论视角在理解与分析控制时的区别与联系。

表2－5　　　　三种理论视角对控制的理解与分析对比

理论要点	委托代理理论	交易成本理论	信息处理理论
使用控制的主要动因	管理关系风险	管理关系和绩效风险	减少信息不确定性
持续的管理重点	机会主义行为	机会主义行为	信息流通不畅
控制的目的	衡量与监督代理方的活动	规范与约束合作伙伴的行为	促进有效的信息共享
控制的选择	单一类型的控制	单一类型的控制	单一或多种类型的控制

续表

理论要点	委托代理理论	交易成本理论	信息处理理论
信息交换程度	有限	有限	丰富
理想的结果	动机一致	交易成本最低	增加下属的任务知识

资料来源：根据龙等（Long et al.，2015）[290]整理改编。

2.5　总结与启示

通过对服务外包控制、任务复杂性和关系亲密度相关研究与理论的回顾、分析、总结与评述，本书发现已有文献在一系列问题上仍存在着不足，有待进一步探索，从而为本书具体研究框架的建立带来了相应的启示。

第一，现有研究缺乏对接包方控制的关注。根据管理学中关于控制的定义，外包控制指的是外包活动管理者对实施者施加影响以达成预定目标的行为，因此在具体的项目管理中可根据影响来源分为发包方所施加的控制与接包方所施加的控制。发包方管理者可以明确项目需求，规定项目进程计划与安排，监督任务执行过程，并且是项目交付的最终验收者与确认者；而接包方管理者可以组织项目运行的日常活动，规定项目团队应该遵循的规则、流程并对其最终绩效进行评定和考核。但是现有的外包研究大多从发包方的角度出发，考虑其控制机制的选择方式与作用效果，只有极少数的研究提到了接包方对项目实施的管理控制的作用（Gopal & Gosain，2010[65]；Jayaraman et al.，2013[78]；Langer et al.，2014[79]；Liu & Aron，2015[77]）。由于发包方控制与接包方控制的应用范围、权利结构和作用方式有所区别，因此他们各自的作用效果也可能存在差异，这意味着在一个整合模型中同时检验发包方与接包方的各类控制机制对项目绩效的影响作用很有必要。

　　第二，在现有文献中，对外包控制与外包绩效之间关系的探究还不够全面深入，存在着分歧性的结论。现有研究强调了发包过程控制与结果控制在抑制机会主义、提高外包项目成功概率方面的重要性，并将关注重点放在如何根据项目层面、企业层面以及环境层面的因素来选择适宜的控制机制。但是，也有实证研究发现上述两类控制机制对项目绩效或过程绩效的直接作用并不明显（Tiwana & Keil，2007[64]；Tiwana & Keil，2009[62]；Stouthuysen et al.，2012[143]）。在蒂瓦纳和凯尔（2009）[62]看来，发包方意欲实施的控制（attempted control）和最终实现的控制（realized control）是有所不同的，因此从接包方角度来衡量所接收到的发包方控制将会更为准确，有助于对前述分歧性结论做进一步检验。此外，不一致结论的形成也可能源于控制机制的作用效果具有情境依赖性，虽然一些研究考虑到了任务情境带来的影响，但是对项目执行中的另一个重要情境——关系情境的调节作用还缺乏探讨。因此，对外包控制的权变作用的研究仍需深入，有必要检验不同的任务和关系情境如何调节影响发包方与接包方的各类控制机制对项目绩效的作用。

　　第三，由于现有研究对接包方控制的角色的探讨并不多，因此对发包方控制与接包方控制之间交互作用的检验也就较少涉及。不少学者都提出了研究控制组合而非仅仅关注单独某种控制机制的必要性，因为不同的控制机制可以被同时使用并可能产生协同作用[86,146]。但在已有外包文献中，几乎只是探讨了发包方的不同控制机制之间的交互作用，并且较少考虑到情境因素会给控制组合的效用所带来的影响[63,142,143,147]。事实上，来自外包双方的不同控制机制可能是同时存在，并形成特定的控制组合而共同作用于外包项目绩效的。因此，仅仅单方面地关注发包方或者接包方控制所得的结论可能是片面而不准确的，有必要进一步探究在不同的任务与关系情境下，发包方与接包方如何配置控制组合，以便达到更好的项目绩效。

　　第四，现有的外包文献中，学者们运用或提出了一系列理论视角来解释外包控制的选择与作用。但是，每个理论都只能从不同的侧面对外包控制进行分析，没有哪一个理论可以完全解释与外包控制相关的所有问题。虽然有学者呼吁通过整合现有的某些理论来更加全面地剖析与理解与外包控制有关的研究问题，但所获得的呼应仍然极为有限。这也为本书结合委托代理理论、交易成本理论与信息处理理论来更全面地解释外包项目中控制机制的角色与作用提供了机会。

3

概念模型与假设

前面两章分别提出了研究背景和研究问题，并有针对性地回顾与总结了相关文献。本章将介绍现场访谈的相关工作，并在结合前文所提出的研究问题、框架、相关理论与访谈所得到的反馈信息的基础上，构建本书的概念模型，以及提出具体假设论证。

3.1 现 场 访 谈

本书采用现场访谈法来考察我国接包方企业所承接的离岸服务外包项目中，发包方与接包方实施控制机制来管理项目的实际情况，为研究模型的构建提供现实依据。

现场访谈作为一种数据收集方法，主要是通过访问者与受访者交谈来了解受访者的心理和行为状态，需要设计与调查问卷相类似的访谈提纲，并以面对面的口头提问，或者电话问答的方式进行[291]。虽然这种方法存在费时、成本大、样本量小等缺点，但它也具有形式灵活与信息全面的优点。

规范的访谈法可大致根据访谈准备、确定访谈对象、实地访谈和整理访谈资料的顺序分为四步。其中，第一步主要通过阅读相关文献来设计访谈内容和相应的问题提纲；第二步指的是按一定标准来选择和联系访谈对象，预约安排具体事宜；第三步的访谈实施包含了合理的沟通与详细完备的现场记录；第四步则指的是对访谈结果进行分析，并在目标研究和所回收的信息与资料之间建立准确的对应关系[292]。

3.1.1 访谈准备与过程

本书严格遵循了前文所描述的访谈步骤，并在正式的访谈工作开展之前做好了相应的准备，具体包含以下几个方面。

第一，基于先前的文献回顾所找到的研究空白确定本书的研究重点，进而设计出非结构化的访谈提纲。非结构化意味着访谈者的提问具有启发性又不过分拘泥，交谈的氛围更为轻松灵活，受访者的回答也能够有更多的发挥空间[291]。因此访谈者不仅可以不被事先所拟定的问题限制，同时又能围绕重点关注的事项进行发问，其所获得的关于接包方企业及其项目管理的信息更为全面、更能反映现实情况。接下来，将讨论草拟的提纲交由两名业内专家进行评阅，并请他们从合理性和有效性两方面提出改进建议再进行修改，终版的访谈提纲由此而生成。

第二，在选择受访企业与受访者时遵循了两方面的原则。一是受访企业的规模大小、所有权类型和客户来源应尽可能多样化，以免集中于特定的类型而造成访谈结果有所偏差。因此本次受访的接包企业中大型、中型、小型的民营、合资和外资子公司都有，并为欧美和日韩等多个国家和地区的客户服务，这样的来源结构使得访谈结果尽可能地与实际情况相符，并且具有普适性。二是本次访谈的对象均为全面负责项目日常管理的接包方项目经理，或者分管项目运营、熟悉具体开发/实施过程的中高层管理者。这样的选择确保了受访者了解访谈内容，并且能够客观、有效以及准确地回答访谈中所涉及提的问题。

　　第三，访谈人员在正式访谈前进行了基本培训，使其不仅提前知晓各个受访企业和受访者的基本信息，也能够充分预备访谈过程中的注意事项与交流技巧，并为可能出现的意外情况做好预案措施等。具体提纲的内容在表3－1中列出。

表3－1　　　　　　　　　　本书的主要访谈内容

序号	内容
问题1	请介绍一下您的个人情况，如职务职位、教育背景、在贵公司工作年限等
问题2	请谈谈您对近年来离岸服务外包行业的发展现状与趋势的看法
问题3	请您介绍一下贵公司的业务情况，大约有多少的海外客户？贵公司与他们的关系如何？您是否熟悉为这些海外客户所完成的外包项目
问题4	请您谈一下上述外包项目的主要特点与完成过程中的主要困难与挑战？项目成功与否如何衡量？决定项目成功的关键因素有哪些
问题5	海外客户（发包方）采取了哪些控制措施来保障项目的顺利完成与交付？其效用如何？在不同的项目中是否有差异
问题6	贵公司采取了哪些控制措施来保障项目的顺利完成与交付？其效用如何？在不同的项目中是否有差异
问题7	发包方的项目控制措施是否影响到贵公司实施自身的项目控制？这些控制措施的同时使用如何影响项目成功？在不同的项目中是否有差异

　　本书一共访谈了7家规模不等、类型不一的接包企业，其负责受访的对象均为项目经理或中高层管理者，他们的在任时间介于1~5年之间，并且都主管过重要的离岸外包项目，因此经验丰富、能够很好地理解提出的问题并准确作答。受访企业与人员的基本信息在表3－2中列出，就表中信息以及实际访谈情况而言，这7次访谈是符合预期的，有助于了解实践企业的真实情况。

表 3 – 2 受访企业与人员基本信息

访谈	受访企业基本信息			受访人员基本信息		
	销售额（万元）	员工数（人）	企业所有制	职务位置	在职年限（年）	教育背景
访谈 1	6500	300	外资子公司	项目经理	2.0	本科
访谈 2	5000	1073	民营公司	项目经理	3.0	本科
访谈 3	11000	5000	合资公司	项目经理	4.0	硕士
访谈 4	9000	3000	外资子公司	部门经理	2.5	硕士
访谈 5	250	60	民营公司	总经理	5.0	硕士
访谈 6	7500	350	民营公司	项目经理	1.5	本科
访谈 7	1300	600	合资公司	部门经理	1.0	本科

在访谈之前，受访人员会收到本书所发送的电子邮件，介绍即将访谈的大体内容并要求其有针对性地做一些相关准备，从而确保了他们在访谈中能尽快而全面地提供所需的信息，使得访谈目标的实现有所保障；除此之外，受访者还会事先接到访谈人员的电话，被告知访谈内容将用于学术研究，不会涉及个体案例研究或其他商业用途，也不会在随后的分析报告中泄露其本人或其公司的身份信息以及其他有指向性的信息，从而消除受访者的顾虑。同时，访谈小组也表示，如果有需要，可与参加访谈的企业与人员分享最终的研究成果。

在实施访谈时，访谈人员着力于营造一种使受访者愿意侃侃而谈的轻松愉快的交流氛围，并且在提问时先从受访者的个人背景、主要工作职责以及对行业的认识等简单和熟悉的方面入手。待其适应访谈状态后再按照访谈提纲，逐渐围绕关键问题进行交流，并且访谈人员对受访者的回答主要只进行记录而不予评价，使其得以表达自己的真实想法与见解。在提问句式上更多使用"我们觉得这一点很有趣，您能否提供更多的细节说明？您觉得这是一般性的情况还是属于特殊现象？还有其他的例子吗？"这样的启发式语句，尽量不用带有指向性的词汇。同时，访谈人员也要注意把控谈话的方向与内容，防止受访者离题太远或引申太宽，从而保证对关键问题有更深入与全面的交流。访谈的全部内容都得到细致的记录，为后续的整理与分析打下了基础。

3.1.2 访谈结果分析

完成所有的现场访谈之后，本书围绕研究目的梳理了访谈记录中的关键信息，挑选并整理了相关语句，从中寻找对本书研究有价值的信息。表 3 - 3 中所罗列的，即是基于受访者原话的与本书研究问题高度相关的关键信息。

表 3 - 3 与本书相关的关键信息总结

问题	关键信息
离岸外包项目成功与否的衡量标准	"客户虽然很重视项目交付的时间，但如果我们完成的质量很高，时间上晚一点他们也无所谓""客户要求项目的缺陷率水平比较低""我们做这个项目主要是想让客户对我们所提供的功能满意，愿意与我们建立长期的合作关系，所以这个项目赚不赚钱不重要""成本常常超乎预料，最后算下来实际上是亏了""有时候我们会运用一些新技术或新方法来改进项目功能，客户往往非常高兴"
行业趋势与任务复杂性的具体表现	"方方面面吧，客户带来的、执行层面的、技术引起的""我们处在云技术时代，商业模式日新月异⋯⋯越来越复杂，难度也越来越大""客户要求应用最新的技术，我们也没有接触过，那就只能赶紧现学现卖了""客户的运营活动可能会有调整变化，或者对功能需求有所变动，我们就只能在项目执行过程中跟着调整了""我们感受比较明显的一个趋势是非标准化，以前做系统设计基本上套模板就行了，现在的客户需求越来越定制化，对接的系统接口也不是很规范，整合起来的实际工作量很大，挺复杂挺麻烦的""我们的业务范围需要拓展，很想把这个客户的其他业务也承应下来，但是比较没经验""客户行业内的知总在更新，我们需要不断学习，项目执行起来也容易出现问题，很费劲"

问题	关键信息
与客户关系亲密度的具体表现	"项目越来越不好做，不确定因素很多，我们只能尽量跟客户保持紧密的联系，在遇到问题时能贡献各自的力量，而不只是我们单方面努力解决" "需求没以前稳定，风险提高了，在努力维持和老客户的良好合作关系的同时，也需要不断去发掘新的客户" "业务升级了，相应的客户需求也提高了，相比以前来讲，双方的人员互访更加频繁，不像低端业务，项目需求通过远程就能交代清楚" "如果想争取好的海外订单，我们有时候还得建立离岸交付中心，当然，不同关系程度的客户的维系成本是不同的，我们必须有所取舍，对不同客户的项目采取不同的管理方式" "项目的难度呢，也可以说是因人而异，一些即使在技术方面本身没有太大问题的（项目），因为客户的不信任或者一些临时性的无理要求，也给我们的项目执行带来过一些麻烦"
项目控制的心得体会	"设置里程碑或者关键节点是关键之一" "控制当然重要，各个环节都容易出岔子，没有好的控制（项目）可能就黄了" "项目的实施过程需要全面控制，得让团队守规矩，按规定的工作流程和规范办事，相应的沟通和培训是有必要的" "只有通过控制，我才能得到反馈，才能及时了解项目的进展，有没有瓶颈，实现了多少需求说明书中的功能等……" "因为对项目进程有控制，所以我对每个人的努力程度了如指掌" "具体措施的话包括让团队成员定期汇报工作进度，组织讨论，指导工作方法和调整工作任务等" "激励措施得有，赏罚也得分明，不然说控制也形同虚设" "建设企业文化这样一些软性措施虽然也在尝试，但主要起作用的还是制度啊、流程啊这些硬性措施" "在选择具体的控制模式时，我们是根据情境而变的……当然，任务本身的复杂程度是一个重要的考虑因素" "对不同客户的项目的重视程度是不同的，因此对重点项目的控制应该来讲会更严格认真一些" "一般来说，跟我们关系比较紧密的企业合作起来比较顺畅，哪怕他们不怎么干涉具体的项目过程或者给我们提比较严格的结果要求，我们自己管自己的团队，团队成员好像也要更上心一些"
发包方控制所带来的影响	"发包方当然会监督项目的进度，怕我们不好好干，合作关系还没有那么牢固" "有时候我们项目接的多，不太能对每个项目都跟得紧，也就是把任务分配下去，有个大致的方向和时间表，客户如果特别上心，直接和负责的团队来沟通跟进，倒是省了我们不少力气" "发包方有时候会直接派人过来，现场监督和管理项目团队的任务执行，但这样也给我们自己的内部管理带来一些干扰，尤其是比较复杂的项目，很容易有分歧" "客户的控制也是好事，如果中间哪个步骤出了问题我们也好及时调整，免得到最后交付的时候再来返工" "客户有时候也不怎么干预我们对项目的开发过程，倒是有一些总体上的成本和工期要求，或者一些具体的质量标准，让我们有一些压力，但是也有的放矢吧，最怕他们自己都不清楚具体目标是什么" "这个不一概而论，有的老客户合作比较愉快，也比较熟悉，能提出一些建设性方法或要求让我们少走不少弯路，但有些客户的做法简直就是添乱，对我们的员工提出很多额外要求，反倒耽误了进程" "他们的人有时会有一些不满，觉得我们开价高了，没有对项目的成本进度控制得很严，其实还是因为双方目标不一致，看中的是短期利益吧"

从上述关键信息中可以看出，本书的主要研究问题具备相应的现实基础。第一，所有受访者在谈论离岸外包项目成功与否的标准时，主要都聚焦于项目的完成效率和质量等方面。这些语句表明，在项目层面的绩效考量上，效率与质量是两个重要方面，外包双方会综合考虑但各有侧重。第二，在完成海外客户的离岸外包项目时存在的困难与挑战中，项目/任务的复杂性被受访者较多的提及。第三，在提到行业中业务升级的趋势时，受访者也强调了与客户之间关系亲密度的重要性。第四，访谈对象都谈到了完成项目时企业内部对项目的管理和控制对完成预期绩效所产生的重要作用。第五，在项目成功的决定因素方面，除了提到接包方自身对项目的控制，受访者也较多提到了发包方控制所带来的影响，但这种影响是不可一概而论的，可能会因为双方关系的紧密程度和项目本身的难度而呈现出不同的效果。同时，发包方对项目施加的控制也会在不同情境下给企业自身的项目控制带来不同程度的影响。

总体来看，现场访谈的分析结果反映控制问题在离岸服务外包管理实践中的重要性与必要性，并且双方控制的有效性会受到项目的任务复杂性与外包双方的关系亲密度的影响，有力支持了前面提出的研究问题和思路，并为后文明确界定研究变量奠定了实践基础。

3.2　概念模型的提出

3.2.1　研究变量的界定

在本书中一共涉及以下几个关键的研究要素：项目绩效、发包方控制、接包方控制、任务复杂性和关系亲密度，在提出本书的概念模型框架之前,下面先对这些核心概念的具体内涵进行界定。

3.2.1.1 项目绩效

本书将离岸服务外包项目的绩效作为因变量,因为它是衡量发包方与接包方合作绩效的一个首要标准,在现有文献中也较多地被应用。它既会影响接包方企业的短期经济效益,也会对客户终身价值、长期合作导向、市场声誉等长期效应带来影响[293],因此具有较强的现实意义。具体来看,现有研究主要关注了项目绩效的三类指标:首先是总体评判接包方的项目交付在多大程度上实现了发包方所确立的项目总体目标。其次是关于功能和质量方面,即接包方的项目交付在多大程度上满足了发包方所规定的功能、质量等硬技术指标,在某些研究中又被称为产品绩效[154,158]。最后是关于效率和经济性方面,即接包方的项目交付是否在发包方所规定的时间和成本之内实现,也有研究将其称为过程/效率绩效[159]。项目绩效应综合反映项目完成的各方面的表现,而非单独评价控制机制的某方面绩效(如控制成本)。因此,本书延续现有研究中的做法,通过总体目标是否实现、功能和质量指标是否满足,以及效率和经济性指标是否达到来综合衡量项目绩效。

3.2.1.2 发包方控制和接包方控制

鉴于本书将外包成功的衡量落脚在项目绩效上,对于控制机制的讨论也着眼于项目层面。正如前文所述(见2.1.1节),服务外包中的项目控制实际上主要是正式控制,这是由于在组织或项目管理中正式控制更有必要,也更有效[90]。由于服务外包主要以项目的形式运行,一般具有短期导向,使得非正式控制的作用很难发挥出来:不少研究发现了服务外包项目中发包方非正式控制的缺失或者无效[134,140,142];而对接包方来说,其组织内的非正式控制更多是一种企业文化,也是企业整体层面的,不会因为具体的项目而有所不同[65]。基于此,兰格等(2014)[79]、刘英和阿伦(2015)[77]、蒂瓦纳和凯尔(2007)[64]等在研究离岸服务外包的项目控制问题时都只关注了正式控制,而我们的现场访谈也从多名受访者那里证实了非正式控制的次要角色。

根据现有文献的通行做法，并结合我们实地访谈的结果，本书将发包方控制和接包方控制分为过程控制和结果控制两类。其中，过程控制是指控制方事先明确规定完成任务所需要遵循的工作方法、步骤与流程等，然后在执行过程中监控受控方是否照办，并以此作为对后者的评估和奖惩标准，换句话说是管理受控方"如何做事情（How to Do Things）"。严格的报告与审批流程、正式的组织规定、标准的业务程序、详尽的工作描述、具体的职责分配等都属于常见的过程控制机制[294]。与过程控制不同的是，结果控制在实施时，控制方并不限制受控方的行为方式，而是事先规定好具体的任务目标，最终依照受控方对任务目标的实现程度来评估他们，并施以相应的奖惩，也即告诉受控方"做什么事情（What Things to Do）"，然后让其自行决定怎么来做[97,151]。在实现方式上，过程和结果控制都是通过一系列具体的控制机制实现的，总体来说，结果控制执行起来更为简单，并且消耗相对较少的管理资源与成本。

具体到离岸外包项目中的发包方一边，由于发包方与接包方之间存在地理距离，对后者进行实时的直接行为观测存在困难，因此其过程控制更多指的是定期汇报制度、会议或电话会议等减少与接包方项目团队之间的信息不对称的手段，并定期评估规定了任务完成方法的项目计划与需求说明书的执行情况，提供具体的反馈要求，从而达到监督管理项目进程的目的[64,141]。而发包方的结果控制则通常是在项目开始之初，发包方与接包方签订外包合同（包括服务水平协议，SLA）时就明确规定项目工期、总体预算、具体的项目目标与业务要求等，并以此为标准评估接包方项目团队的阶段性和总体性工作完成情况[133]。

而在接包方这边，对项目的控制是基于内部运营层面的日常管理[150]。其中，过程控制表现为针对某个具体项目制订内部规章制度及相应程序，规定项目团队应该遵守怎样的具体规则、规范和工作流程，应有何等的时间与知识投入，并在项目的开发/实施过程中实时观测、检查、评价和敦促项目团队的工作，纠正和调整其不合规定的行为，继而使得项目进展不偏离预期的目标实现路径（Path-to-the-Goal）[65]。接包方的结果控制则指的是制定项目团队的工作进度时间表，通过设置里程碑节点来事先明确各个阶段应该完成的工作内容，并让项目团队自由安排具体的工作流程和行动规范，但将他们的收入报酬与目标任务的完成情况直接挂钩。需要指出的是，接包方结果控制所设定的目标与发包方结果控制所设定的目标可能会有重合，例如包括发包方提出的功能规格、性能要求、质量标准、完成时间、成本等，但不会完全重合，而是出于接包方企业自身的利益追求有相应的调整与侧重[77]。

3.2.1.3 任务复杂性

项目的任务情境主要指的是外包项目的业务特征。虽然过去的研究分别探讨了任务的模块化程度、可编码程度、标准化程度、需求波动性情况等多方面的特征，但它们实质上都反映了项目完成的难易程度，映射的是任务的复杂性情况。因此，本书将任务复杂性作为最具代表性、内涵最丰富的项目特征来概述项目的任务情境，并且通过项目的范围界定是否困难、技术路径是否清晰、方法—产出之间的因果关系是否明确等方面的接包方感知来衡量任务复杂性。

尽管任务复杂性所包含的内容非常丰富，但其核心内容体系可从路径、结果和过程三个方面进行解构[168]。其中，路径方面可能存在着多重性或者不确定性，意味着项目本身难以进行标准化的工作分解，不能遵循已有的成熟稳定的步骤、流程或规则来完成，并且实施任务时所需用的知识、信息与工具等难以从现有经验惯例中获取，缺乏解决相关问题的现成方案，需要由客户的定制化要求决定。而在结果方面，由于任务的可分析性降低，各种投入—产出转化方式中的因果关系不明确，结果产出可能存在多样性、不确定性和相互矛盾性，并且由于对可能发生的状况难以进行预判，可能会出现意料之外的结果或是问题。最后，过程指的是由路径指向结果的进程，它具有变动性和不可预测性。由于各个子任务之间可能存在相互依赖性，参与人之间对路径或结果的信息掌握存在不对称性，有可能带来不同子任务之间的冲突与参与人需要进行的调整，从而影响项目的推进。由此可见，任务复杂性会带来更高的信息负荷、资源需求与协调难度[82]。一个典型的高复杂项目体现为：在项目开始之前难以通过工作分解结构来明晰所包含的子任务的数量大小、相互关系、完成步骤与所涉及的知识范围，任务完成结果难以预测或具有不确定性，并且在执行过程中常遇到阻碍、变动或异常情况。

3.2.1.4 关系亲密度

在本书中，项目的关系情境主要用发包方与接包方之间的关系亲密度来指代。由于服务外包是发包方将原先在企业内部完成的业务流程或任务职能委托给接包方完成，并与自身业务系统与价值链进行整合的管理实践，因此双方关系的紧密程度对外包项目的实施来说是一个重要的情境变量。在现有外包文献中，学者们重点讨论了企业间信任、承诺、信息共享、共同规范等主要的关系因素对外包决策与成功等结果变量的影响，而这些因素也是外包双方之间关系亲密度的各个侧面或反映指标[84,202]。因此，关系亲密度是关于发包方与接包方之间关系状态或交易氛围的一种综合性描述，并通过各种各样的认知和行为显现出来。换句话说，关系亲密度是代表外包双方之间交易关系的社会方面的重要指标，反映了它们之间的关系强度或者说关系质量。亲密的双边关系不再是聚焦于冰冷的现实与利益，而是灵活的并基于情感的纽带，表现在对共同规范的遵循、私有信息的共享、共同计划与行动、彼此适应与调整，以及互惠合作的承诺与期待等方面。在这种情况下，发包方与接包方对彼此会更有信心和信任，冲突与交易成本也得以降低。相反的，当外包双方之间的关系不够亲密时，更多是一种有界限的、一臂的交易型关系，双方只会进行有限的信息交换与共同行动，只注重自身利益而机会主义行为的倾向更高，并且主要依赖于正式契约条款的制约而缺乏灵活性。

3.2.2 概念模型的构建

随着技术更新速度的加快、产品质量标准的提升以及运营效率比拼的加剧，越来越多的企业开始寻求维持和提升自身竞争力的外部解决方案，离岸服务外包便是其中之一。发包方以项目的形式将其运营系统中的部分业务流程或任务职能委托给国外接包企业完成，利用后者的人力资本、规模优势、特殊知识或专业技能以达到降低成本、专注于核心业务、获取在本土难以利用的技术、资源或能力等目的。只有当接包企业高效实施和交付离岸服务外包项目，使其与发包方运营系统有效整合并发挥预设功能时，外包项目才算真正成功[178]。由于外包项目涉及多方利益相关者（stakeholder），包括发包方管理者、接包方管理者与项目团队成员等，并且前者与后两者之间存在着地理距离、文化差异与知识鸿沟，在合作中也可能存在着意见分歧与利益冲突，因此给外包项目的成功实施带来不小的挑战，事实上，行业中失败的案例也屡见不鲜[69,73]。

在分析外包项目失败的原因时，学者们多强调了项目管理的失控[69,295]。例如，巴鲁阿和玛尼（2014）[80]指出，39%的高附加值业务流程外包（BPO）项目的失败源于糟糕的控制模式选择，造成发包方与接包方之间信息共享不畅以及利益偏好分歧，难以应对任务需求或环境变动所带来的挑战，还有23%的高端BPO外包项目的失败源于发包方不够清晰的结果预期，从广义上讲也可以归咎于发包方与接包方之间沟通不足以及控制方式的不当。由此可见，对外包项目进行合理有效的管理控制是获得外包成功的关键，而全面认识外包控制的角色功能与作用效果是急需解决的重要研究问题。结合前文的现实背景与理论背景，本书从以下三个要点出发，分析外包控制对外包项目绩效的影响作用。

第一，外包项目中控制的来源应考虑发包方与接包方两个方面。由委托代理理论的基本假设可知，在外包项目管理中存在着双重的委托—代理关系，也即存在于戈帕尔和戈桑（2010）[65] 所说的双重组织界面（organizational interface）间：一是发包方与接包方组织之间的；二是接包方内部管理者与项目团队之间的。为了保证自身利益以及项目的顺利完成，发包方与接包方的管理者分别作为上述双重委托—代理关系中的委托方，会各自采取一定的控制措施来约束和激励代理方，从而克服代理问题、减少代理成本。以往关于外包控制的研究多聚焦于第一层代理关系，而忽略了对第二层代理关系的探讨，并且多将接包方企业视为一个整体，探讨发包方对其实施的控制措施。但是，接包方项目团队与客户之间的交互是频繁而直接的，发包方控制实际上会直接作用于项目团队[89]。因此外包项目中的控制关系是三元（triadic）而非二元（dyadic）的，因为它涉及两个施控方（发包方与接包方的管理者）以及一个受控方（项目团队）。从委托代理理论的思想和访谈信息中可知，发包方与接包方都可通过影响项目团队的工作来对项目实施的过程或结果进行控制。因此外包项目管理中主要存在着四类控制机制：发包方过程控制、发包方结果控制、接包方过程控制和接包方结果控制，它们各自会对项目绩效产生怎样的影响将是本书要探讨的第一个问题。

第二，外包项目中控制机制的有效性会受到项目情境的影响。达斯和滕斌圣（2001）[100] 认为，企业间合作中包含了最基本的两种风险：绩效风险与关系风险，在具体的外包项目中，这两种风险则是由任务复杂性与双方的关系亲密度分别决定的。通过行业追踪与访谈分析我们得知，随着离岸服务外包市场的深化发展，外包服务不再局限于标准化、简单化的任务，而是更多地涉及具有定制化特点、高附加值与创新要求的复杂化任务,给项目执行带来一定的难度,意味着外包双方的合作面临着更高的绩效风险;同时,客户需求的多样化与技术更新速度的加快也促使发包方与接包方之间建立更加紧密的关系以便形成充分而灵活的协作,当双方关系协作不足时则面临着较大的关系风险,更容易有机会主义行为发生。因此,任务复杂与双方关系亲密的程度构成了外包项目的不同属性,也是影响控制机制发挥效用的重要情境因素。根据交易成本理论,外包项目控制机制能否发挥出应有功效取决于是否与交易属性相匹配,能否有效降低上述交易风险并使得交易成本最优化[269]。此外,根据信息处理理论,控制机制还具有促进信息传递与处理的功能,外包项目中的控制机制需要与不同任务情境和关系情境所带来的不同信息处理需求相匹配才能对绩效产生促进作用[80]。因此,有必要探究发包方与接包方各自施加的两类控制会分别适合怎样的任务情境和关系情境,换句话说,任务复杂性和关系亲密度会如何调节影响四种控制机制与项目绩效之间的关系,是本书将要讨论的第二个问题。

第三,发包方控制与接包方控制可能同时存在并相互影响,有必要探究它们在不同情境下的交互作用。由于发包方与接包方企业所追求的目标并不完全一致,又有不同的行业背景与知识经验,双方的管理者出于各自企业的行事风格与利益考量而对外包项目所施加的控制在某些情况下可能是互不兼容而相互冲突的,在另一些情况下可能是互相补充而强化的[89]。但是,由于过去研究主要关注于发包方对外包项目的单方面控制,即使有很少量的研究探讨了接包方控制的作用,也是与发包方控制相隔离的,因此缺乏实证研究来检验组织间(发包方施加的)控制与组织内(接包方施加的)控制的交互效应或联合作用。在访谈中我们也得知,发包方控制所带来的影响是不可一概而论的,对有的项目来说补充了接包方控制的不足,在有的项目中又给接包方控制带来了干扰。了解发包方与接包方控制之间的关系、不同组合方式的有效性和适用情境将对外包双方合理配置项目控制机制具有重要的启示作用，也是本书将要探讨的第三个问题。

概括起来，本书从三个基本目标出发，试图全面地认识与分析离岸服务外包项目中的控制机制对项目绩效的影响作用，为外包项目的控制管理实践提供有用借鉴。首先，本书将研究角度从过去的发包企业一方延伸至包含接包企业一方，深入分析发包方与接包方分别实施的过程和结果控制对离岸服务外包项目绩效的影响机理。其次，本书进一步探究了两个关键的项目情境特征，即任务复杂性和关系亲密度分别会对外包双方的四类控制机制与项目绩效之间的关系产生何种调节影响。最后，本书从更为全面的视角出发，研究在不同的任务复杂性和关系亲密度情形下，发包方和接包方控制之间的交互作用，以便识别出能与特定项目情境相匹配的双方控制组合。综上所述，本书提出如图 3-1 所示的概念模型，并在此基础上提出理论假设，利用调研数据进行实证检验并讨论相应结果，从而为外包实践与管理提供指导。

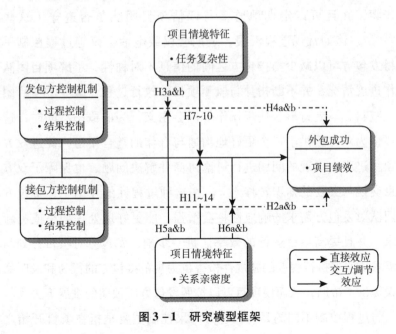

图 3-1 研究模型框架

3.3　研究假设的提出

3.3.1　发包方与接包方控制的直接作用

3.3.1.1　发包方控制与项目绩效

当发包方将原先在企业内部完成的职能或流程外包给离岸的接包方企业之后，在实现预定的收益或者目标时面临着很多的不确定性，因此倾向于实施过程或结果控制来使得接包方的行为更有可预测性，增强对离岸外包结果的信心[76]。

通过实施过程控制，发包方可以在项目计划和需求说明书中具体规定接包方项目团队在完成项目或开发过程中需要遵循的规则、方法与步骤，并且可以定期地监督与评估项目团队是否遵守了这些规定[62,296]。诸如常规进程汇报、定期会议或电话会议等过程控制手段使得发包方可以减少与接包方之间的信息不对称性，了解项目团队的工作进展情况，并不断指导与监测项目的执行过程，减少了项目团队偷工减料、马虎行事、违规操作等机会主义行为的概率。同时，这些手段也为双方提供了一个更好地沟通与合作的整合渠道，促进双方针对项目进程中出现的问题进行讨论协商并解决问题，也保障了双方的信息交换与必要的知识转移[9,65]。在这种过程性的互动中，接包方项目团队对发包方需求的响应性将会增强，能更好地处理调整或更新的需求，并且提高项目运行的效率。进一步地，发包方对项目计划与客户需求说明书执行程度的常规性检查也为规范接包方的行为和及时修改错误提供了帮助，从而使项目可以按照发包方所预期的进展下去[297]。

与过程控制不同的是，发包方结果控制主要是指在项目开始之初就明确规定需要完成的任务标杆，包括阶段性与最终性的各个目标以及考察重点，例如各个交付里程碑的及时性、预算执行的符合度等等。这些标杆或者标准向接包方项目团队表明了发包方最看重的绩效目标，从而为后者的资源分配与能力倾斜指明了方向，即"客户用哪些指标来考核，资源力量就向完成这些指标方面倾斜"[298]。根据委托代理理论，这些衡量标准的提前制定使得接包方的中间产出与最终产出的可追究性（accountability）提高，接包方项目团队偷懒或逃避责任的倾向将会受到克制，因为结果目标相对来说比较客观，评估信息清楚而明白，接包方也没有多大自主性去阐释或是调整衡量指标[95,141]。在这种压力下，接包方项目团队只能努力向结果目标靠拢，对所完成的工作进行自我检查，并自觉而快速地调整与客户需求不相符的工作。此外，由于发包方进行结果控制的考核标准或方法一般是由双方签订的正式契约所规定和保护的，因此是获得双方认同与支持的。换句话说，发包方的结果控制使得外包双方对项目目标的偏好尽可能地趋向一致，并集中于彼此都关心的方面[92]，这种明确的、客观的指向性将会鼓励接包方项目团队的行为方式与项目目标相符。

综上所述，我们提出以下假设：

假设 1a：在离岸服务外包项目中，发包方的过程控制会提高项目绩效。

假设 1b：在离岸服务外包项目中，发包方的结果控制会提高项目绩效。

3.3.1.2　接包方控制与项目绩效

与管理内部（In-house）项目类似，接包方在承接客户的外包项目时，也可能施加相应的控制机制，激励项目团队成员向着组织目标而努力工作，因为这些项目往往需要各个团队成员贡献出不同的知识技能、时间投入与内部协调[117]。接包方的控制机制也可被分为过程控制和结果控制两类。

　　虽然直接检验接包方控制与项目绩效间关系的研究十分有限，但接包方过程与结果控制对项目绩效的作用推断仍可从IT项目管理领域的文献中获得借鉴。例如，在IT项目管理中，项目管理者通过制定开发人员需要遵守的规则与方法，并及时监控项目进度来进行过程控制，这些指导能够帮助开发人员执行设计任务和节约开发时间，从而提高项目的质量与效率绩效；而通过结果控制，项目管理者能够有效评价团队成员努力的结果，从而帮助团队成员持续改进，并提高项目完成的效率绩效[96]。也有学者认为，项目经理可以借助过程控制来影响完成任务的方式并加强流程的标准化，降低团队成员的错误概率以避免重复劳动，从而直接提高项目绩效；而结果控制能够给团队人员提供按时按质完成任务的激励标杆，在考核时可以提出如何改进其工作的反馈意见，并且审核中间结果也有助于把握过程情况，此外结果控制还能以组织学习为中介间接提高包括质量、效率、成本、准时等多方面的项目绩效[299]。类似的，刘汕等（2012）[182]的研究也发现了在中国情境下的IT项目中，过程绩效（包括预算和进度的实现）和产品绩效（包括功能要求得到满足、系统可靠性、易于使用和维护等）都因为项目经理所实施的过程控制和结果控制而得到了有效提升。

　　从具体的操作层面来看，接包方对离岸服务外包项目的控制和传统的IT项目控制是类似的，都需要围绕项目目标来制定框架、设计章程、组建团队、根据各个成员的领域专长来分配工作、各自完成任务并检查和评估相应成果，只是接包方的项目目标和需求不仅有自身的，也包含或者承接了发包方的。基于此，上述IT项目中过程控制和结果控制对项目绩效的作用机理也同样适用于接包方对所承接的外包项目的控制。在有限的验证性研究中包括戈帕尔和戈桑（2010）[65]，他们通过实证研究印度接包方所承接的软件外包项目，发现了接包方过程和结果控制对项目绩效的提升作用，具体地：接包方可以通过过程控制来具体规定项目团队所需遵守的程序步骤与行为规范，进而提高项目完成的效率；相对应的，接包方可以通过结果控制来详细设定期望结果中的效率参数，从而提升项目的效率绩效，而当设定期望结果中的质量参数时，项目的质量绩效也会得到相应提高。与之相类似的，刘英和阿伦（2015）[77]的研究在 BPO 的情境下，也揭示了接包方的过程与结果控制对项目绩效所起的促进作用。

综合上述分析，我们提出以下假设：

假设 2a：在离岸服务外包项目中，接包方的过程控制会提高项目绩效。

假设 2b：在离岸服务外包项目中，接包方的结果控制会提高项目绩效。

3.3.2 任务复杂性的调节作用

3.3.2.1 任务复杂性、发包方控制与项目绩效

任务复杂性是外包项目执行时的一个重要情境特征。随着离岸服务外包市场规模的不断扩张以及所涉及业务的不断升级，客户越来越不满足于只是通过离岸外包来降低运营成本或提升经营效率，而是开始寻求更高层次的价值创造与创新回报。由此带来的是更为个性化、多样化的客户需求，更加迅猛的技术更新变革速度，以及更多出现的知识密集型项目，这些都造成了离岸服务外包项目复杂性的增加。而在任务复杂性程度不同的项目中，发包方不同的控制机制产生作用的效果大小可能是不同的。首先，发包方过程控制对项目绩效的促进作用在复杂度较低的项目中可能会更明显，这样的推断基于以下两点原因：

第一，复杂性较高的项目往往意味着完成任务所需的过程、方法或步骤不够明确，事先很难完全正确地设定让项目团队去遵循的工作流程与方法，需要在实施的过程中利用较强的专业学习能力与探索性活动来不断调整与改进控制和监督的方法，从而有效应对复杂性[83]。

但是对于这样一类复杂的具有完成难度的项目，发包方的外包动机往往是希望依赖于接包方的专业人才与技能，利用其专业化服务来获得补偿性资源，从而通过外包获取竞争优势[300]。例如，商业银行的 IT 部门可能由于技术能力不足或储备人才不够而将复杂的系统开发任务外包给专业的软件服务公司，但是他们对于这个项目应该如何完成、需要应用哪些知识与技术，以及如何制定项目完成计划等可能是缺乏了解的。因此，面对复杂性较高的项目，发包方可能不具备足够的专业基础与学习条件来指导接包方项目团队的探索性活动，从而难以实施有效的过程控制[152]。

第二，复杂项目的任务元素存在着因果模糊性，投入—产出的转化具有不确定性，并且在项目进展的过程中可能经常出现一些意料之外的突发事件或者变动情形，需要迅速采取措施改变现有的工作方式或者方法，而发包方的过程控制在满足这样的及时与灵活性要求方面存在不足。这是由于在离岸服务外包项目中，发包方与接包方之间存在着地理、时区、语言、文化等方面的距离，需要克服远距离对话、非母语交流、协调不同时间、跨文化理解等多方面的挑战，有效的沟通与协调存在一定的困难[134]。虽然现有研究认为通过信息技术多媒体手段，例如电话会议、在线即时平台、共同工作桌面等技术可以实现及时的远程沟通与虚拟团队的有效配合，但对于复杂的、缺少明确界定的项目任务来说，这些渠道依然缺乏效率，也不能代替面对面交流中所能带有的隐含信息与情感要素，并且不利于误会与分歧的消解，可能影响项目团队的工作态度与积极性[34]。当项目的进展出现问题时，对问题的分析、诊断和解决方案的探索以及发包方控制人员给出反馈与指示的速度都有可能被延后。总的来说，这意味着发包方过程控制难以满足更高任务复杂性下的信息处理需求，其有效性会随着任务复杂性的增加而降低。

综上所述，我们提出以下假设：

假设3a：任务复杂性负向调节发包方过程控制对项目绩效的促进作用。

相反的，发包方结果控制对项目绩效的促进作用在更复杂的项目中可能会更强。相对于需要不断监督项目开发进度或者其他情况的过程控制来说，结果控制并不需要发包方与接包方项目团队之间持续而频繁的沟通或者互动，只需要在预定的项目中间节点或者最终交付阶段对项目目标的实现情况进行检查与评估。这样的方式能够给接包方项目团队较大程度的自由裁决权，使得后者可以根据复杂项目中所面临的情况并结合自身经验主动去探索不同解决方案的可能性[151]。并且，由于发包方不会干涉完成任务的具体过程，只要求最终结果让其满意，接包方项目团队更有条件与动力去尝试使用新的方法、技术或技能来完成任务，并且通过这样的尝试来不断改进、积累经验、提升自身的交付能力[141]。因此，上述的特性表明，发包方的结果控制可以在更大程度上为接包方项目团队提供应对任务复杂性带来的变动需求的能力，使得后者具有处理突发状况的决策权，并能够灵活决定项目子任务的优先次序和完成步骤。任务越复杂，这种优势性也就越明显。

现有研究也在不同情境下验证了发包方在复杂条件下更适合于应用结果控制，以便减少其承担的风险。例如，卡森（2007）[133]发现，在复杂的创新性任务的外包项目中，发包方使用结果控制时对接包方项目团队的创意积极性所产生的负面影响最小，因此能够有效提高项目绩效；而刘汕（2015）[83]在IT项目中也发现，当面临着复杂性风险时，发包方所实施的结果控制应该加强，以便提高其项目管理的柔性和可预测性，进而提升项目绩效。上述分析表明，发包方在任务复杂的情况下使用结果控制显得更为现实与高效。因此，我们提出以下假设：

假设3b：任务复杂性正向调节发包方结果控制对项目绩效的促进作用。

3.3.2.2 任务复杂性、接包方控制与项目绩效

任务复杂性给发包方对外包项目的管理控制带来不少的困难与挑战，这些困难与挑战对接包方来说是同样存在的。不同的是，接包方的项目管理人员与项目团队都是在企业内部，接包方控制的应用范围、权利结构和作用方式都与发包方控制有所区别，因此，在面对任务复杂性时，接包方所实施的两种控制机制对项目绩效产生的权变作用，应该是有别于发包方的两种控制机制的权变作用的。其中，与发包方过程控制相反，接包方过程控制对促进项目绩效的重要性将会在复杂性项目中更加凸显，这一推断主要基于以下几点原因。

首先，复杂项目的完成缺乏可以依据的标准化流程，并且不同的子任务之间相互依赖，关系不清，需要不同任务执行者之间的有效协调与配合，并积极探索解决之道；而接包方企业内部的过程控制能够有效调配资源，分配职责，为上述活动提供了有利条件[77]。通过为项目团队内部及其与相邻职能部门的协调合作设定标准的规章制度，接包方过程控制可以减少团队成员间的推诿扯皮，确保内部的沟通与合作顺畅，并引导、帮助理清复杂项目中子任务的范围与相互关联，降低团队成员的犯错概率并避免重复劳动[33]。同时，接包方施加过程控制时对项目进展的持续监督与检查，有助于更快发现任务执行过程中产生的错误或偏差，这两者在复杂项目中可能难以避免，而接包方现场的业务指导与错误纠正能够有效避免项目进展向更坏的方向偏离，节省纠错与更正的时间和成本。

其次，接包方过程控制还包括对项目团队成员进行相应的技术、技能、知识培训与资源投入，有助于团队成员进行探索性活动，以便解决任务复杂性带来的挑战[79]。如前所述，任务复杂性的特点之一是执行该外包任务时，可参考的知识体系不够明确，可能需要项目团队成员根据任务内容进行相应的知识搜寻、获取、学习与利用，而这些尝试并非总是自觉自发的。接包方能够通过过程控制确保项目团队

成员做出相应的努力与尝试，至少是保证在项目中投入必要的时间与精力[79]。过程控制还可以明确规定诸如建立文档、说明书以及共同工作簿等团队成员间知识交接的规范，有助于促进团队成员间的知识分享与交流，帮助他们共同开发或实施具有较高知识附加值的外包项目。因此，接包方的过程控制能在任务复杂性增加时更好地满足信息处理需求，进而提高项目绩效。

同时，复杂性的项目往往难以事先确定明晰的目标实现路径，通过过程控制，接包方能够根据开发/实施过程中的具体情况来动态调整资源投入，包括灵活分配在不同阶段、不同子任务中的工作人数与工作总量。这对提高接包方资源利用的效率和集中力量攻克任务难题具有重要意义。外包项目所涉及任务的因果关系模糊性和非标准化程度越高，接包方过程控制的这种积极作用也就越凸显。

基于上述分析，我们提出以下假设：

假设 4a：任务复杂性正向调节接包方过程控制对项目绩效的促进作用。

而对于接包方的结果控制来说，任务复杂性的增加不利于其发挥对项目绩效的正面促进作用。首先，复杂性给接包方的任务分配和结果考察带来了更大的难度。与发包方的结果控制相比，接包方结果控制所设定的考核指标更为细化与具体，不仅包含了发包方所要求的服务质量或功能等方面的目标，可能还有额外的企业自身的目标，例如客户满意度、工作成本与能力提升等[79]。并且，在实施结果控制时，接包方管理者往往需要将工作内容和责任承担分配到单个的团队成员，除了总体的团队绩效之外，还要将细化的项目考核目标实现情况与团队成员个人的工资报酬、绩效奖金等直接联系起来，而累积的工作表现甚至还将影响到团队成员的后续工作调动、职位变迁、晋升机会等[96]。但是，由于任务复杂性带来的因果模糊性、子任务之间的相互依赖性、结果的不可预测性等特征使得将总体项目目标细化、分解为清晰、可测的成员个体目标更为困难，某些问题出现时可能难以进行归因而追溯责任，而出现超出预期的表现时同样也可能是互相影响的结果而难以归功于个人[301]。在这种情况下，接包方通过结果控制树立目标标杆，激励项目成员努力达到目标以获得相应工作回报的积极作用会有所降低，因为目标设定有可能不够明确或者合理，激励措施也有可能比较笼统模糊。

同时，在复杂性较高的项目中，客户需求和市场环境往往有更多的变化，需要接包方进行适应性调整，这也给接包方结果控制的实施带来了柔性管理的挑战。尽管结果控制中的某些手段，例如设定项目里程碑和中途检查等也能在一定程度上监测项目进展并带来相应柔性，但由于时间间隔可能比较大（如两个里程碑之间的时间间隔数以月记），很有可能在项目的既定目标与实际所需目标发生不一致之后的较长时间里，接包方管理者才发现这种偏离[62]。而此时的偏离程度可能会较大，敦促团队成员纠正偏离的成本也会相应地更多。即使接包方能够很快响应外部变化给结果控制所带来的变动需求并相应地调整对团队成员的目标要求与考核标准，但由于在复杂项目中这些变化可能是频繁的，考核标准的经常性变动也将使团队成员难以适应，从而缺乏足够的激励效果。

因此，综合以上的分析，我们提出假设 4b。

假设 4b：任务复杂性负向调节接包方结果控制对项目绩效的促进作用。

3.3.3　关系亲密度的调节作用

3.3.3.1　关系亲密度、发包方控制与项目绩效

关系亲密度是对发包方和接包方之间交易状态与关系氛围的一种描述，反映了双方间关系介于一臂的交易型关系到紧密的伙伴型关系

之间的程度。双方关系的紧密程度将影响彼此对共同事物的看法与认识，各自采取行动的风格与偏好，以及互相支持的意愿与程度。因此关系亲密度也将对双方所施加控制机制的效果产生影响。具体来看，在双方关系较为亲密时，发包方过程控制的作用将更强，这可以从以下几点进行解释。

第一，较为亲密的关系将有助于发包方获取关于项目进展和任务完成情况的真实信息，从而使其过程控制更为有效。如前所述，过程控制可以具体指明施控方期望受控方所遵循的一系列规则、方法或流程，并需要判断后者是否按照要求的方式行事。在离岸服务外包项目中，地理距离、协调成本以及沟通渠道的限制给实际的监督过程带来较大的难度[145]。因此发包方可能很难对接包方的行为进行完全、直接、及时而有效的观测，或多或少地需要依赖于接包方的自行汇报（Self - Reporting），如每周的进展报告、定期的会议、电话会议与持续的工作进程记录等。这样的形式并不能保证发包方对接包方项目团队行为的评估信息是完全可靠、完整和及时的，因为依照委托—代理理论的逻辑，项目团队（代理方）有可能依照自己的利益行事而去选择性地交流、隐藏甚至是操纵那些让他们的行为看上去不好的信息[302]。而当双方关系较为亲密时，发包方获得信息的真实性与可靠性增加，因为亲密关系会使发包方与接包方更看重彼此的合作感知，互相间持有更多的善意、信任和积极的态度。在这种背景下，接包方项目团队会意识到维持良好关系所带来的长远利益以及短视行为所带来的损害，从而促使其提供更诚实的反馈并努力地回应发包方所提出的过程性要求。

并且，在关系亲密的情况下，由于外包双方有更为接近的社会规范与组织价值观，解构信息与处理事务的方式更为兼容，沟通起来更为顺畅和有效，也减少了一些不必要的误会与分歧，信息传递的质量会更高[303]。因此，当发包方能更及时地了解项目的真实状况时，对任务问题的识别、后续方向的把握都能够更准确，从而能够更有效地指导项目完成。

第二，在亲密关系下，接包方项目团队会减少对来自企业外部的日常管理干涉的抵触情绪，从而更加积极地回应发包方对项目进展过程的管理与监督，并且对项目具有更多的主人翁认同、努力投入和对规定方法步骤的遵守与坚持[63]。过程控制又被称为行为控制，与科层控制类似，但后者更多的是应用于企业内部，由企业本身的科层结构或行政系统来保障，例如组织赋权的上下级关系使得上级可以对下级直接发号施令和指导行为。但是在外包关系中，发包方的经理人对接包方项目团队来说缺乏这样的正式性权威，给后者的直接指导或者命令不一定能够强制执行，甚至可能引起后者的抵触与漠视，因此发包方过程控制的效果可能会打一些折扣[63]。而当发包方与接包方之间的关系较为亲密时，会催生出坦诚而开放的合作氛围，接包方项目团队将更乐于接受发包方的指令与监督，愿意向发包方分享信息、征询意见，并与其共同探讨和挖掘潜在的工作流程调整与改进方式[66]。从拓展的交易成本理论来看，这样的紧密合作关系也降低了发包方总是需要证实接包方项目团队所汇报信息的真实性的企图，打消了前者的疑虑，缩减了任务反馈的时间与不必要的开支，最终有利于改进项目开发的效率。

综合以上的讨论，我们提出以下假设：

假设 5a：关系亲密度正向调节发包方过程控制对项目绩效的促进作用。

相对过程控制来说，发包方实施结果控制并不需要与接包方项目团队进行频繁的互动或交流，当双方的关系较为亲密时，发包方的这种控制机制对项目绩效的促进作用可能会相应地降低[63]。原因之一是亲密的关系情境有可能降低发包方单方面结果控制的必要性或可行性。具有委托—代理关系的双方往往存在利益分歧与风险偏好差异，结果控制的作用便是调和差异或减少分歧，确定一个双方都能接受的结果目标作为最终评估代理方贡献的标准，委托方根据贡献程度提供相应的回报和红利，从而降低受控方的机会主义倾向，使其为实现结果目标而努力。但同时，任务失败的风险也相应地转嫁到了受控方身上，因为很有可能出现超出其可控范围的因素造成最终目标不能完成，从而不能从代理关系中获益[95]。而在外包双方关系紧密的情况下，彼此的利益分歧和风险偏好差异会减小，机会主义倾向也会减少，靠发包方结果控制来调和企业间差异的必要性降低。同时，亲密的双边关系也往往意味着发包方与接包方之间需要风险共担、利益共享，完全以结果为定论的导向会减弱。因此，发包方单方面设定任务标杆并施加结果控制的可行性会降低，其作用效果也就被削弱了。

另外，外包双方亲密关系的软性、灵活性特征也不利于发包方结果控制的客观、刚性特征的发挥。在实施结果控制时，需要相关的信息来评估接包方项目团队的产出结果，即评价后者的中间或最终成果是否与事先规定的目标相匹配，如是否满足项目的技术要求、预算和时间安排等[151]。这种评估信息是相对客观地直接反映在结果中的，具有一定的刚性，一般来说没有多少阐述的空间或调整的余地。但是在发包方与接包方之间关系亲密的情况下，评估信息的客观性有可能受损而变得有活动空间，项目发展的结果目标有时需要被发包方灵活处理或者临时松动调整，因此其结果控制的目标激励效果有所削弱。虽然发包方可以试图同时维持亲密的双边关系和严格执行结果控制，但这样的企图可能会给接包方项目团队带来相矛盾的信号，影响其对于什么是可接受的行为结果，以及发包方到底看重什么的判断，从而阻碍其在项目进程中的适应性行为[63]。

总体来说，发包方与接包方之间关系亲密度的增加会使得前者的结果控制的有效性降低，并且基于以上两点的讨论，提出假设5b。

假设5b：关系亲密度负向调节发包方结果控制对项目绩效的促进作用。

3.3.3.2　关系亲密度、接包方控制与项目绩效

虽然发包方与接包方之间的关系亲密程度影响更多的是组织间的交流与互动，但这种组织间交互带来的知识传递与共同理解等方面的提升也会进一步影响到组织内的项目控制机制，并且主要是促进性影响。首先，双方关系亲密度会使接包方过程控制的作用加强，其原因如下：

发包方与接包方之间关系亲密时，意味着参与外包活动的双方更倾向于拥护共同的价值观，自愿分享一些重要的或者私有的知识，并提高各自对合作关系的承诺，以及愿意相互调整、适应以便完成共同目标[104,147]。在这样的合作背景下，双方间沟通的频率与效率会更高，信息或知识传递与分享的效果也会更好，有利于减少发包方与接包方之间的信息不对称和填补知识缺口，建立共同的知识基础。换句话说，在亲密关系下，双方能够逐渐形成对项目重要方面的共同认知，促进彼此间的知识整合，使得接包方对客户需求和在具体情境下的任务因果关系理解得更为准确与透彻[75]。客户参与度的增强，也使得接包方项目团队能接触到外部知识来源与新的思考方式，并带来加速学习的机会，有助于打破项目团队的工作惯性，启发其创造性思维和改进行为方式[152]。上述情况都有助于接包方改进所设计与实施的任务完成方法与流程，使其更加合理，从而提升接包方过程控制的效度。

同时，发包方与接包方之间亲密的关系也有利于提升接包方过程控制的适应性和动态合理性，以便应对项目实施过程中可能出现的突发情况[18]。一些接包方未能预见的事件可能会给项目的顺利进展带来问题，例如替代技术的出现、新型法律法规的颁布、终端消费者诉求的升级等；而密切合作的发包方能够帮助发现隐患，预见问题并提醒注意，提供意见、建议和可能的解决方案，并且容易与接包方就一些事项达成一致或妥协，采取共同行动来克服项目进程中的阻碍[65]。这使得接包方管理者能更灵活地调整对项目团队成员的流程性指导，

更快地解决悬而未决的问题，以及更好地对失误采取纠正措施，其过程控制的有效性得以提高。

并且，当外包双方关系亲密时，接包方出于互惠的准则与对未来继续合作的期望，会更加认真地进行过程管理，并投入足够的资源与人力来保证项目的顺利完成[42]。因为一旦不能实现预期的项目绩效，将会对双方的合作关系有损：发包方可能会重新审视接包方的承接能力与可靠程度，以及是否继续与接包方维持亲密关系和长期合作。由于获取新客户的成本可能比维持老客户的成本要高许多，这对于接包方来说将是不小的损失，因此关系亲密度会促进接包方增加过程控制的执行质量。

综合以上分析，我们提出以下假设：

假设 6a：关系亲密度正向调节接包方过程控制对项目绩效的促进作用。

同样的，双方关系的亲密度也有助于接包方结果控制发挥更大的效用。首先，这种亲密度有助于接包方理解发包方的真正需要与目标偏好，能够在实施结果控制时制定更合理的目标计划与激励措施，平衡好项目的质量与效率（或成本）之间的关系[65]。例如，项目完成质量具有多维度的属性，并且发包方对不同属性的看重程度可能各有差异，但这些差异不一定被明确表达出来，而只是一种隐性的偏好，因此不为接包方所熟知。一般情况下，接包方只能把注意力平均分配在各个维度上。当发包方与接包方之间关系更亲密时，会有更多的跨界（Boundary – Spanning）活动，如公司互访、非正式沟通、社会性交往等，这些活动有助于接包方熟悉发包方的业务环境与行事风格，逐渐识别出客户最为看重的质量属性组合，从而将项目团队的考核重心与关注焦点集中在这些方面[71]。因此，亲密的合作关系有助于接包方通过结果控制来引导资源的优化分配，以及提高项目执行的有效性。

类似的，双方间的亲密关系也有助于接包方识别出客户对于具体的效率参数的偏好程度，并将结果控制中的激励措施向合适的成本或日程目标倾斜。在很多情况下，尤其是在 IT 项目中，客户对需要实现的一系列中间里程碑（intermediate milestones）可能有暗含的优先排序与心理权重[65]。亲密的合作关系有助于接包方了解到这些隐性需求，确保了接包方的结果控制具有明确的指向性和操作性，关于先完成什么，后完成什么的安排可以与发包方的需求偏好相匹配[304]。总之，从亲密关系中可获得的关于如何采用效率标尺的知识（例如与处理周期和成本分配相关的信息等）都将显著提高接包方对侧重效率的结果控制的应用质量，并相应地提升客户满意度。

另外，当发包方与接包方之间具有亲密关系时，项目团队成员对客户更为熟悉，情感认同也会更高，这会影响他们为客户工作的态度与积极性，从另一个层面上加强接包方结果控制所带来的动机与激励效果。在这种情境下，项目团队成员将会更积极地寻求客户的帮助与支持，并且探索更佳的完成任务的方式，以便努力地实现结果目标[66]。

综上所述，提出以下假设：

假设 6b：关系亲密度正向调节接包方结果控制对项目绩效的促进作用。

3.3.4　任务复杂性下的双边控制交互作用

出于各自的责任承担与利益需要，发包方和接包方可能会同时对项目施加控制，这些不同来源的控制之间会相互影响从而共同决定项目绩效。同时，来自不同施控方的控制机制组合在一起时，其作用效果具有情境依赖性，因此有必要探讨各个组合在不同的任务情境和关系情境下的权变作用。

3.3.4.1　任务复杂性、发包方过程控制和接包方过程控制对项目绩效的影响

在复杂性较高的项目中，发包方过程控制和接包方过程控制之间倾向于存在替代作用，原因之一是发包方与接包方各自对任务完成方式的认识可能不同。在离岸服务外包项目中，发包方与接包方之间往往存在很大的知识领域和经验范围差异，例如，发包方可能更加熟悉在商业领域的应用知识，而接包方可能拥有更深厚的技术知识[305]。由于任务复杂性带来的完成项目的方法步骤的不明确，双方出于各自不同的经验知识、技能领域、利益需求与目标要求，对项目应该如何完成容易形成不同的认识与偏好。当他们各自同时实施过程控制时，彼此间可能并不兼容（甚至是互相冲突的），从而引起一系列的矛盾与问题[64,306]。而当发包方的过程控制很严苛时，项目团队任何偏离其规定流程的行为都可能会被识别出来并受到惩罚，例如延迟支付、减少工作量、拒绝验收任务，等等。为了避免这样的潜在风险，接包方将不会鼓励有经验的团队成员应用特有的技能或方法，即使这些技能或方法可能给项目绩效带来更大的益处。

同时，双重的过程控制限制了项目成员的自主权（autonomy）与自发性，使他们的探索空间变小，其工作的积极性与有效性都有可能降低。如前文所述，任务复杂性意味着完成项目所需的知识没有明确的参考体系，可能是超出项目团队成员已有经验基础并缺少成熟应对方案的，需要进行一些自发性的探索性活动来寻求解决方案。并且，在现有文献中，戈帕尔和戈桑（2010）[65]、霍特克等（Hoetker et al.，2007）[307]以及蒂瓦纳和凯尔（2007）[64]等研究都强调了任务执行者的自主权是外包项目的重要成功因素之一，而过程控制正是一种严厉的、基于行为的、限制受控者自主权的控制机制。当外包双方都使用过程控制时，可能会给项目团队成员带来额外的压力，使其失去了必要的自由度。更为糟糕的是，在复杂性较高的项目中，由于因果关系

的模糊性，以及路径和结果的不确定性等，发包方与接包方的管理者极有可能产生不同的意见或给出不同的指示，这将给团队成员带来麻烦与困惑，并降低其生产力和创造力。

最后，在任务复杂的情况下，当外包双方都实施过程控制并需要达成一致时，中间的协商与沟通成本会很高，并且降低决策速度。复杂性意味着任务的完成情况具有一定的不可预测性，经常出现一些不能立即解决的问题，并且行动情况、参与者和任务方面容易产生变动性[187]。当出现意料之外的状况时，项目团队往往缺乏独立处理的自主权，需要向两边的管理层汇报与商量，以便达成关于应对方案的共识，而这个过程常常经过反复的沟通与确认才能完成。由于发包方与接包方之间存在着文化、地理、制度等方面的距离，尤其是时差的影响，高效率的无缝连接存在困难，远程商讨、解释问题、等待反馈等都将耗费更多的时间与成本[308]。因此在面对任务复杂性时，外包双方同时的过程控制可能反倒难以满足信息处理需求，不利于项目进展的柔性要求，并且增加运营的时间与财务成本，不利于项目绩效的实现。

基于以上的讨论，我们认为在任务复杂的情况下发包方过程控制与接包方过程控制的同时使用存在着替代效应，并且提出如下假设：

假设7：当任务复杂性增加时，随着发包方过程控制的增加，接包方过程控制对项目绩效的促进作用会减弱。

3.3.4.2 任务复杂性、发包方过程控制和接包方结果控制对项目绩效的影响

当项目的任务复杂性增加时，如果发包方使用过程控制而接包方使用结果控制，它们之间更倾向于呈现出互补的作用，这是由两种控制各自的特点或者说是优缺点所决定的。首先，在对复杂项目的管理中，比起仅仅依靠接包方的结果控制来说，发包方所参与进行的过程控制保证了项目运行在正确的轨道上，并使项目团队应对不明确或者突发状况的能力增加。虽然接包方通过设立最终或中间的项目结果，

并以此作为考核标准，可以激励项目团队成员朝着预定的目标方向努力，但具体目标的实现途径是由团队成员自行决定的[142]。在复杂的任务情境下，这可能意味着较高的试错成本与潜在的路径偏离，此时发包方的过程控制将提供有价值的方法指导与行为监督，从而压缩项目团队成员的探索时间与成本，降低项目超支与延误的风险[83]。即使发包方的任务完成方法或规则要求不是最科学合理的，其过程控制对项目进展的持续跟踪也有助于和项目团队进行必要的知识传递与交换，帮助后者理清复杂任务中的因果关系、补充知识缺口，并根据反馈情况做出调整改进。在这种情况下，面对复杂性较高的项目很容易出现的意外或者突发状况时，发包方能更快地了解与理解实际情况，对项目团队做出相应指示，从而使后者能够更快地掌控局面，降低损失[65]。

同时，在复杂性较高的项目中，发包方过程控制也能补充接包方结果控制柔性不足的缺点，使得后者的实施更加有效。由于发包方过程控制保障了与接包方之间的定期沟通与反馈，使得发包方需求或者市场环境的变动等能被接包方更快更准确地感知到，从而能够及时对结果目标与考核标准等作出相应的变动或改进[89]。有时候，这些变动并非那么外显而能被明确传达，尤其是在具有任务复杂性的项目中，由于缺乏标准化或常规性的模板参考，发包方最初识别出的可能只是模糊而大致的需求，而随着项目的进展才会进一步清晰，甚至有些需求是发包方自己也没有明确意识到的[80]。在这种情况下，如果没有发包方过程控制的参与和反馈，使得接包方可以优化结果控制的目标要求和激励条件，其最初确立的各项标杆可能是不适用的，从而起不到应有的作用。

反过来说，在任务复杂的项目中，接包方结果控制的实施也有助于增强发包方过程控制所发挥的效用。由于复杂的外包任务在执行时，可能缺乏明确可参考的知识体系与标准化的工作流程，虽然发包方过程控制能提供一定的方法指导或者步骤安排，仍需要项目团队进行一些知识与方法上的探索与学习[83]。接包方结果控制所设定的中间里程碑以及最终考核标准，实际上也为这些探索和学习活动进一步设定了时间与成本等方面的界限，能够敦促和激励项目团队成员尽快地努力获取相应的信息并找到解决方案，以便让客户在过程监督中看到切实的进展，并能够将项目有效推进下去。

综上所述，发包方过程控制与接包方结果控制在任务复杂性下将发挥互补的作用，因此我们提出如下假设：

假设8：当任务复杂性增加时，随着发包方过程控制的增加，接包方结果控制对项目绩效的促进作用会增强。

3.3.4.3 任务复杂性、发包方结果控制和接包方过程控制对项目绩效的影响

类似的，在任务复杂的情况下，发包方结果控制与接包方过程控制的同时使用可能也会产生互补或协同效应，从而对项目绩效有更大的促进作用。这一推断可由以下几点理由做出解释。

首先，在复杂性较高的项目中，发包方通过结果控制为接包方指定了合适的方向，使后者在对项目的过程控制中不至于忽视关键的项目目标。任务复杂性意味着任务的可分析性降低，各种投入产出转化方式中的因果关系不明确，结果产出可能存在多样性、不确定性和相互矛盾性[168]。在这种情况下，接包方很难依据成熟稳定的方案或是现有经验惯例来进行过程控制，而是需要指导项目团队通过探索性的活动去不断尝试、摸索出合适的任务完成方法。但是由于结果产出可能存在的多样性，要弄清楚不同的路径关系需要花费较多的时间与精力，甚至可能经历返工与重复劳动[13]。而当发包方同时施加结果控制并设立较为明确的产出目标时，有助于将接包方团队的探索活动限制在一定的范围之内，使后者更加有的放矢地去寻求客户规定的关键结果的实现途径。因此，发包方结果控制提高了接包方过程控制的效

率与效力，与项目相关的任务越复杂，这种作用也就越明显。

其次，复杂项目中发包方的结果控制也为接包方的过程控制带来压力与动力。从访谈中我们看到，发包方通过结果控制所设立的总体上的成本、工期或质量标准，以及一些具体的功能特征要求会给接包方带来一些压力，但同时也给项目团队带来动力，因为"最怕他们自己都不清楚具体目标是什么"。在任务复杂的情况下，发包方如果不提出明确的目标要求，接包方需要按自己的理解去指导项目团队完成任务，最终呈现的结果可能不被发包方认可，这会给接包方带来负担与困扰[9]。而有了发包方结果控制，接包方的过程控制变得不再盲目，可以有针对性地设计相应的工作方法与步骤，也降低了探索活动产出不被认可的风险，从而增加了接包方过程控制的合理性与积极性。

从对应的角度来讲，在复杂性较高的项目中，接包方实施过程控制也是对发包方结果控制的一种补充。尽管发包方的结果控制给了项目团队较大程度的自由裁决权，使其可以灵活应对任务复杂性带来的柔性需求，但团队成员的技能与努力仍需被有序组织与协调起来。接包方管理者所采取的过程控制能够在团队内部有效地分配资源与职责，组织相应的技术与知识培训，并确保项目团队成员之间的积极配合与沟通，杜绝互相推诿、不愿付出等现象的发生，从而引导项目团队向着发包方所规定的结果目标而努力[33]。在这种情况下，发包方的结果控制能够被更有效地实现。

根据上述理由，我们认为发包方结果控制与接包方过程控制在任务复杂性下将发挥互补的作用，并由此提出假设9。

假设9：当任务复杂性增加时，随着发包方结果控制的增加，接包方过程控制对项目绩效的促进作用会增强。

3.3.4.4 任务复杂性、发包方结果控制和接包方结果控制对项目绩效的影响

而在复杂性较高的项目中，发包方与接包方同时使用结果控制可

能会产生替代效应，对实现项目绩效来说并不是一个很好的选择，这一推论主要基于以下几点理由：

第一，外包关系中的接发包双方有着各自的目标追求与利益偏好，虽然彼此间有很大的重合度，但总是存在一定的差异性，而在复杂的离岸服务外包项目中，这些差异性可能会带来一些不利影响。在任务复杂的情况下，一些活动的结果不好预测，发包方与接包方对任务的完成情况，例如项目是否能在一定的时期内完成，或者技术标准能达到怎样的程度等可能有完全不同的预期或者理解。出于各自的利益需求，双方可能会对项目团队提出不同的目标要求，从而将分散项目成员所付出的关注与努力[65]。例如，发包方管理者可能会强调所交付服务的质量细节，而接包方管理者可能更注重严格的时间日程规定；或者发包方可能要求非常及时，但会消耗更多资源投入的服务交付，而接包方则可能出于盈利考虑而更强调严格的预算计划[135]。在这种情形下，团队成员可能很难同时满足两方面的不同要求，并对结果目标的理解产生矛盾或混乱，做出一些不合宜的取舍与平衡，最终可能损害到结果绩效。

第二，在复杂的项目中，发包方与接包方同时采用结果控制会给项目团队成员带来更大的心理压力，从而可能降低其完成任务的信心与积极性。结果控制的一个特征是转移绩效失败的风险，使其由受控方来承担[151]。事实上，除了团队成员自身的努力之外，还有很多其他的因素也可能会影响任务结果，例如技术的可获得性，政府的法令法规，市场形势的变化；等等。当发包方和接包方都采用结果控制时，由于双重的目标要求，所牵涉的上述外界因素也会相应增多[262]，而复杂性带来的完成任务要求的难度更大，不确定性更高，因此团队成员承担的风险也增加了。由于团队成员所获得的回报或者奖励取决于任务完成的结果，这种双重目标带来的风险增加感知可能会引起焦虑甚至是沮丧的情绪，尤其对那些没有足够经验的员工来说，这样的考核方式会让其对完成复杂性任务缺乏信心与底气。因此，虽然发包方或接包方单独实施的结果控制对项目团队来说可能会有激励效应，并给了团队成员相当的自主权去自主决定如何完成任务，促使其为了最终目标而奋斗，从而能够促进项目绩效，但当它们同时存在时，对项目绩效的促进作用并不会扩大，反而可能会被削弱。

第三，当发包方与接包方的管理者都只关注于中间或最终的结果，而不对复杂项目进行实时的监测时，项目的进展可能会失控。任务复杂性意味着项目的开发或运营缺乏标准化的流程遵循，项目成员可能不能按部就班地完成所分配的工作，而是需要摸索出一条有效的目标实现路径出来[169]。而这样的过程需要管理者的统筹与协调，并给予必要的方法指导与资源支持，而不仅是在项目进展的中途或者结束时对完成情况进行评估与反馈。因此，若双方都只是选择结果控制而没有过程性管理的话，复杂性的任务可能很难顺利完成。

综合以上分析与讨论，我们认为在任务复杂的情况下双方同时使用结果控制将产生替代效应，并由此提出如下假设：

假设 10：当任务复杂性增加时，随着发包方结果控制的增加，接包方结果控制对项目绩效的促进作用会减弱。

3.3.5 关系亲密度下的双边控制交互作用

3.3.5.1 关系亲密度、发包方过程控制和接包方过程控制对项目绩效的影响

除了任务情境以外，离岸服务外包项目的关系情境也会影响到发包方与接包方所分别实施的控制机制之间的交互作用。对于不同关系类型的合作伙伴来说，彼此间的沟通方式、行为风格与依赖程度都有所不同，因此双方各自实施的控制机制在不同情境下是互相促进还是彼此制约也将呈现出差异化的效果。就发包方过程控制与

接包方过程控制这一对组合来说，随着双方关系亲密度的增加，两种控制的同时使用可能呈现出相互替代的作用，并不会给项目绩效带来更大效用。

发包方过程控制是保障其利益不受接包方侵害，监督项目团队按照其规定的方法步骤完成外包任务的重要手段。但当双方企业具有较为亲密的合作关系时，企业间信任与互惠的关系氛围会促使接包方减少机会主义倾向，并为了客户的利益而自发采取合宜的方式对项目进展的过程进行认真的控制与管理，包括对项目团队的工作方法与投入进行监督[69]。在接包方已采取较为完善的过程控制的情况下，发包方如果仍然试图直接干预项目团队的工作步骤、方法与流程，并对项目进展进行严密的监督与指挥将会被接包方视为一种不被真正信任的信号，因此可能触发一定的反弹行为，并带来一些矛盾与摩擦[309]。其结果是损害了接包方进行过程控制的积极性并促使其减少相应的精力与资源投入，从而降低了接包方过程控制的有效性。

从另一个角度来讲，当发包方与接包方之间具有亲密的合作关系时，双方的目标差异、知识鸿沟与利益分歧将会大为缩小，并且可能对如何完成项目任务具有趋同的认识。此时，原有的企业间界限不再那么清晰，组织间关系的成熟与亲密程度越高，也就意味着，服务提供商企业内部负责完成服务或产品交付的专职人员（即项目团队成员）的位置与角色也变得越模糊，甚至他们的忠诚对象与从属关系也变得模糊而有些倾向于客户了[201]。在这种情况下，发包方与项目团队之间有更好的互动，对后者所施加的过程控制几乎成了企业内控制，可以达到与接包方所施加的过程控制接近同样的效果，从而能够替代接包方过程控制。

总结以上的分析，本书认为当外包双方的关系越亲密，发包方过程控制与接包方过程控制之间越倾向于具有替代效应，并由此提出假设11。

假设 11：当关系亲密度增加时，随着发包方过程控制的增加，接包方过程控制对项目绩效的促进作用会减弱。

3.3.5.2 关系亲密度、发包方过程控制和接包方结果控制对项目绩效的影响

相反的，当外包双方之间具有较强的关系亲密度时，发包方过程控制和接包方结果控制的同时使用会带来互补效应，更大程度地提高外包项目绩效。一方面，良好双边关系下的发包方过程控制具有更好的协调性与磋商性功能，能有效促进双方对于项目状态与目标的共同理解与信息共享，并对彼此的角色、职责与期待有更清晰的认识[88]，从而有助于优化接包方的结果控制。通过发包方过程控制所保障的各种正式与非正式的双边沟通渠道与反馈机制，接包方对将要完成的工作、所能达成的阶段性或终极性成果有更准确的预测与全面的评估，从而能更合理地设置对项目团队的绩效考核指标与奖惩方法，放大对团队成员的激励效果，使其具有足够的工作热情与努力投入[77]。而当项目进展的过程中出现新的情况与变化，或者发包方根据需要调整任务完成的流程、步骤与方法时，接包方也能及时了解并对后续的结果目标与考核标准作出相应的合理调整，在这种情况下接包方结果控制会有更好的适应性。

同时，发包方对项目的过程监督是持续而规律的，并且由于良好的企业间关系氛围而更容易得到项目团队的积极回应与支持，从而能够督促项目团队成员在各个时间段与任务期内投入必要的精力与资源，并定期进行自我检查，审视是否有方法失误与连带的结果偏差[133]。比起仅仅依靠里程碑节点或最终的结果检查来说，同时有发包方过程控制的存在使得接包方为项目团队所设立的结果目标更不容易落空，因此，发包方过程控制提高了接包方结果控制的有效性。

另一方面，接包方结果控制也能够弥补在双边关系亲密的情境下发包方过程控制的不足。现有文献认为，企业间的关系亲密度会带来发包方管理者与项目团队之间亲密的工作关系，此时发包方过程控制的强制性与严苛性有所降低，而灵活度与机动性有所增加；也就是说，发包方会尽量与项目团队就任务完成的方法流程达成共识，并在具体的执行过程中保留调整与协商的空间[88]。尽管这样的控制方式增加了项目团队的任务理解力、项目实施的柔性以及应对各类突发事件的能力，但发包方对共识与交流的重视也容易造成对效率的忽视。此时，接包方结果控制的同时使用使得团队活动更具有目标导向性，增加了项目团队的效率成本意识与责任可追究性，使其在遵循发包方过程指示的同时注意节约成本、提高效率，从而降低了项目延误与超支的风险，对最终的项目绩效有利[65]。

基于以上几点分析，我们认为当外包双方具有较强的关系亲密度时，发包方过程控制与接包方结果控制控制之间倾向于产生互补效应，并且由此提出如下假设：

假设 12：当关系亲密度增加时，随着发包方过程控制的增加，接包方结果控制对项目绩效的促进作用会增强。

3.3.5.3　关系亲密度、发包方结果控制和接包方过程控制对项目绩效的影响

在外包双方关系亲密的情况下，发包方结果控制与接包方过程控制这一对组合也能发挥出相互促进的协同效应，从而对外包项目绩效有更好的提升作用。首先，发包方结果控制有助于进一步优化接包方过程控制的方法步骤与资源分配。在亲密融洽的关系环境中，发包方的结果控制通过设立项目的阶段性与最终性的任务完成标杆以及考察重点，维持了合作的客观性量化底线，并为接包方设计相应的流程管理制度与安排、把握过程进度提供了较为明确的指导方向与参考标准[143]。尤其是除了具体的技术与质量参数以外，发包方的结果控制手段中还包括一些效率要求，如时间和预算限制以及中间的里程碑节

点设置等。这些指标有助于接包方将其过程控制的安排变得更为细化，例如把需要完成的任务目标按时间节点逐一分解、针对各个子目标分别制定最合宜的流程方法并合理调配人手与资源等，从而使得项目的成功完成更有把握，并提高了过程中资源利用的效率。

相对应的，接包方过程控制也能增加亲密的关系情境下发包方结果控制的适应性与可行性。正如假设 5b 所讨论的，由于发包方结果控制往往是事先树立结果标杆，表明以此作为绩效评价和利益分配的依据，鼓励项目团队向着相应的考核目标而付出努力，因而具有一定的刚性，不太适合需要保持灵活性的亲密双边关系情境[63]。在亲密的合作关系中更容易产生变动性需求，而一旦发包方最初设定的结果标杆在中途出现一定程度的修改或调整，意味着项目团队需要调整努力的方向以及完成任务的方式方法[18]。这可能会带来适应性难题并打击团队成员自我调适与达成新目标的积极性，从而降低发包方结果控制的权威性与有效性。此时，接包方过程控制的同时使用可以敦促项目团队采取必要的调整措施，并给予后者相应的方法指导与流程安排，使得项目团队能够尽快地适应新的目标要求，并重新保持对发包方结果控制的响应与支持。因此，在亲密的关系情境下接包方过程控制有助于补足发包方结果控制的柔性短板，从而有利于最终绩效的实现。

综合上述分析，我们认为当外包双方具有较强的关系亲密度时，发包方结果控制与接包方过程控制的同时使用会产生互补的效果，因此本书提出如下假设：

假设 13：当关系亲密度增加时，随着发包方结果控制的增加，接包方过程控制对项目绩效的促进作用会增强。

3.3.5.4 关系亲密度、发包方结果控制和接包方结果控制对项目绩效的影响

最后，在双方关系亲密的情况下，发包方与接包方同时使用结果控制可能会产生替代效应，从而不能给项目绩效带来更大的促进作

用。如前所述，当发包方与接包方之间具有亲密的双边关系时，彼此
对项目目标/产出的认知和期望更多的是商议与共谋的结果，因而容
易在最大程度上达成一致，并且双方利益分歧和风险偏好的差异会大
为减少[201]。此时，双方分别实施结果控制显得没有必要，因为双方
设定的目标参数与考核指标可能有相当部分是重合的，意味着发包方
结果控制与接包方结果控制可以彼此互换替代，对项目团队产生的导
向作用是一样的。而双方管理人员分别在里程碑节点以及项目结束的
时候来重复对照、检查、验收这些重合的预设目标也是对时间和资源
的一种浪费，并不能扩大对项目绩效的正面影响，甚至可能放慢项目
的进展速度与最终交付。

　　此外，发包方与接包方都依赖于结果控制也不利于满足关系亲密
度下的柔性需求。根据定义，结果控制只是事先规定好具体的任务目
标，并以此为标准来衡量项目团队的工作完成程度和应得的奖惩回
报，并不干涉其具体的做事流程和工作方法[64]。而当发包方与接包
方的双边关系较为亲密时，意味着双方常常需要互相适应和调整，采
取一些共同行动来解决项目中出现的临时性问题或是满足各自的特殊
性需求，因此项目团队的工作应该保持柔性，可以与发包方人员密切
配合并有效协调与整合[71]。而这样的响应度与协调性可能是需要有
事前设计的正式流程、制度规定以及管理人员的有效领导与干涉来保
障的，团队成员的彼此分工与行为方式才在面临突发情况或调整需求
时有章可循，有条不紊。当发包方与接包方都仅仅采用结果控制来规
划项目团队的工作任务目标以便鼓励其努力向结果靠拢时，缺乏一定
的机制来管理团队成员的行动与应变方式，从而很难满足双边的密切
合作需求，对最终项目绩效的贡献有限。

　　总体而言，根据上述解释，我们认为当发包方与接包方之间具有
较强的关系亲密度时，双方都采用结果控制会产生替代效应，从而得
出如下假设：

假设14：当关系亲密度增加时，随着发包方结果控制的增加，接包方结果控制对项目绩效的促进作用会减弱。

3.4 本 章 小 结

在现有文献的基础上，本章内容具体分析了发包方两类控制机制、接包方两类控制机制对项目绩效的直接单独作用，受到任务复杂性和关系亲密度调节的权变作用，以及在上述两种项目情境特征下的交互作用。全部的 20 个研究假设归纳如下。

表 3 - 4　　　　　　　　　　　　本书提出的理论假设

编号		假设内容
直接作用	H1a	在离岸服务外包项目中，发包方的过程控制会提高项目绩效
	H1b	在离岸服务外包项目中，发包方的结果控制会提高项目绩效
	H2a	在离岸服务外包项目中，接包方的过程控制会提高项目绩效
	H2b	在离岸服务外包项目中，接包方的结果控制会提高项目绩效
调节作用	H3a	任务复杂性负向调节发包方过程控制对项目绩效的促进作用
	H3b	任务复杂性正向调节发包方结果控制对项目绩效的促进作用
	H4a	任务复杂性正向调节接包方过程控制对项目绩效的促进作用
	H4b	任务复杂性负向调节接包方结果控制对项目绩效的促进作用
调节作用	H5a	关系亲密度正向调节发包方过程控制对项目绩效的促进作用
	H5b	关系亲密度负向调节发包方结果控制对项目绩效的促进作用
	H6a	关系亲密度正向调节接包方过程控制对项目绩效的促进作用
	H6b	关系亲密度正向调节接包方结果控制对项目绩效的促进作用

编号		假设内容
交互作用	H7	当任务复杂性增加时，随着发包方过程控制的增加，接包方过程控制对项目绩效的促进作用会减弱
	H8	当任务复杂性增加时，随着发包方过程控制的增加，接包方结果控制对项目绩效的促进作用会增强
	H9	当任务复杂性增加时，随着发包方结果控制的增加，接包方过程控制对项目绩效的促进作用会增强
	H10	当任务复杂性增加时，随着发包方结果控制的增加，接包方结果控制对项目绩效的促进作用会减弱
交互作用	H11	当关系亲密度增加时，随着发包方过程控制的增加，接包方过程控制对项目绩效的促进作用会减弱
	H12	当关系亲密度增加时，随着发包方过程控制的增加，接包方结果控制对项目绩效的促进作用会增强
	H13	当关系亲密度增加时，随着发包方结果控制的增加，接包方过程控制对项目绩效的促进作用会增强
	H14	当关系亲密度增加时，随着发包方结果控制的增加，接包方结果控制对项目绩效的促进作用会减弱

研 究 方 法

本书采用问卷调查的方法来获取较大规模的研究样本，并通过统计分析对第 3 章所提出的概念模型和 20 个具体假设进行了实证检验。问卷调查法被广泛应用于社会学、经济学和管理学等多个领域，尤其是运用在企业或项目运营管理相关的研究中，能将定性问题转化为定量的数据指标来进行统计分析；与实验研究或者小样本相比，具有较高的准确性与外部效度，并且方便易行、便于控制。本章将具体说明所运用的研究方法，包括详细介绍问卷设计和数据收集的过程情况，细致论述本书所使用变量的测量指标及其选择依据，以及具体说明实证检验所用到的主要方法。

4.1　样本与数据收集

4.1.1　问卷设计

调查问卷的设计是问卷调研过程中一个重要环节，需要适用于调研目的。本书是国家自然科学基金面上项目"离岸 KPO 客户服务质量治理机制研究"下的一个子题，目的在于探究我国服务外包企业在承接离岸服务外包项目时如何提高客户价值与服务质量，从而为我国接包方参与国际服务外包竞争的管理实践提供借鉴。因此，本书的问卷设计与数据收集也由该课题研究团队共同完成。

考虑到关于外包控制的理论与实证研究多来源于英文文献，我们主要参照已正式发表的优秀英文期刊论文来选取变量的测量指标，从而保证变量指标具有良好的可靠性和有效性，能够得到相关研究领域学者的认可并便于进行下一步的实证分析。研究团队首先进行了长达数月的文献搜寻与阅读，结合组会讨论与实地调研逐渐总结提炼出合适的原始英文参考量表，并根据离岸外包的实际情况对这些指标进行调整，使其更适合本书的研究背景。在确定好问卷的整体框架与主体内容后，团队邀请了国际知名的管理学者与外包研究专家陆亚东教授参与讨论与修订，最终确定了研究问卷的英文初稿。

接下来，由英语水平较高并具备外包研究背景的博士生将这些英文量表翻译成中文，并保证每一量表至少由两个以上博士生翻译，以便进行对比与核查。译者先分别翻译各自所熟悉的部分，再由研究团队小组一起商议、逐一审核各个题项指标，以确保表达的流畅性和翻译的准确性。随后邀请国际商务与服务外包等领域的相关专家对英文原稿和中文翻译初稿进行对比和分析，修改了可能引起混淆的问题，对诸如个别问题的题项过多、陈述过于学术化等问题进行了改进。

对所有研究变量的测量指标设计完毕之后，我们参考国内外问卷调研的通用做法，对问卷进行了重新布局，并调整了问题描述和填写方式。为确保问卷被有效填写，我们还借鉴了一系列的解决方法：一是设计结构化的问卷，答题方式以选择为主，填空为辅，其中选择题均采用七分的李克特式量表法（Likert Scale）。同时，由于问卷涉及项目绩效、任务复杂性、外包双方控制机制和关系亲密度等多个方面，为方便问卷填写人理解和回答，我们将不同类型的问题放置在问卷中的不同板块。二是采用关键信息员（key informants）的方式，要求主管项目运行的项目经理或熟悉相关情况的中高层管理人员来填写问卷，以便获得更完整而有效的信息。三是问卷开头明确阐述了调研的匿名性与保密性，保证信息回收之后仅用于对离岸服务外包研究的宏观统计分析，不涉及具体单个企业，也不会透露给其他任何组织或个人；同时承诺，只要受访人需要，将与其分享此次调研的研究结果。以上措施有助于打消问卷填写人的疑虑，理解调研的目的并提高参与的积极性。四是为了尽可能减小截面数据所具有的共同方法偏差影响，本次调研问卷特别采取了 A、B 卷的设计，即一套相同的问卷由两名受访者分别独立完成，再将两者的回答综合利用。五是每一份问卷中都附有填写说明，帮助问卷填写人准确、有效地理解问题并做出回答。

在问卷设计完成后，研究团队在西安软件园内展开了预调研，其对象为随机选择的 8 家离岸服务外包接包企业的项目经理或高级管理人员，从而进一步对调查问卷进行实地测试，查漏补缺，使其更加完善与合理。研究团队首先向预调研对象解释问卷填写方法，并记录与回答他们在填写过程中所提出的问题，又在完成问卷填写之后与之进行深入交谈。研究团队认真听取了关于问卷结构、篇幅、问题描述、反映现实情况等方面的意见和建议，并按照反馈信息对问卷进行了必要的调整与细节上的修正，从而形成了最终的问卷。需要说明的是，预调研中所得到的样本排除在最终的分析样本之外，从而保证了分析数据的真实性。

4.1.2　调研过程

4.1.2.1　调研对象选择

在预调研并最终定稿问卷之后，研究团队分别在大连、苏州与西安这三座最早的服务外包示范城市①开展了大规模的问卷调研。在这三个城市收集数据出于三点理由：首先，我国的服务外包示范城市占据着市场主导地位，大量的外包服务提供商都聚集在这些城市，调研过程较为集中与高效。而三座城市中的大连软件园、苏州工业园和西安软件园在中国服务外包园区十强评选中分列 1、3、5 位[310]，能够较好地反映我国离岸服务外包行业的发展现状。其次，从地域上看，大连、苏州与西安分处东北、东部与西部，地理跨度较大，能够较好地反映我国接包方企业的区位特点。最后，上述三地分别发展和形成了不同国家与地区的客户主体，其中苏州主要承接欧美业务，大连主要承接日韩业务，西安则两方面都有，而我国服务外包行业的国际客户恰好主要来源于欧美与日韩地区。因此这三个地区的企业具有较强的代表性，能够较好地反映当前我国离岸服务外包的客户构成情况。

4.1.2.2　具体调研过程

在正式的调研中，我们得到了上述三个园区管委会的大力支持与协助。他们首先提供了大约 900 家随机挑选的外包服务提供商的名单与联系方式。接着，调研团队通过电话或邮件联系到这些企业，咨询他们近年来承接离岸服务外包项目的情况，并邀请他们参加此次问卷调研。共收到 719 家接包企业的回复，其中大部分只对本土中国企业提供服务，或者虽提供离岸外包服务，但项目尚未完结或者已超过半年而不能准确评估项目绩效，仅有 298 家企业表示近期交付过海外客户的服务外包项目，因此符合我们的调研需求。随后，调研人员兵分几路对上述企业逐一拜访，邀请其参与本次调研活动，最终共有 141 家接包方企业同意参加。

根据现有文献中的建议，为获得对项目活动和绩效的客户反馈与

---

①　2009 年 1 月，国务院办公厅下发了《关于促进服务外包产业发展问题的复函》，将北京、天津、上海、大连、西安、苏州等城市确立为中国服务外包示范城市，并在这些示范城市实行税收优惠、财政扶持、人才培训、金融支持等一系列配套支持措施。

客观评价，调研人员请接包企业针对已交付 3 个月以上、6 个月以下的离岸服务外包项目填写问卷，而每个接包方企业根据实际情况选择了一至六个项目进行填写。最终我们收集到 254 个离岸服务外包项目的相关数据，由于每个项目由两个关键信息员分别评价，因此回收问卷共计 508 份。在检查与比对后，我们删除了一些不完整以及不匹配的问卷，剩下关于 235 个离岸服务外包项目的有效问卷 470 份，它们分别来自 133 家企业，问卷的有效回收率总计为 44.6%。考虑到该行业中客户一般具有较高的信息保密要求，因此接包方企业对提供项目信息多比较顾忌，上述回收率已经算比较理想。

4.1.3 样本的检验

在问卷回收之后，调研团队进行了数据录入与前期检验，以判断所收集数据的质量是否符合要求，以及样本是否可靠与有效。

（1）关键信息员资格审查。

对关键信息员进行资格审查主要为了判断问卷填写人是否熟悉调查问卷的内容。有关问卷填写人的主要信息统计结果如下。

表 4-1　　　　　关键信息员统计分布（n = 470）

特征	分布	样本数（份）	比例（%）
年龄	20 ~ 30 岁	272	57.9
	31 ~ 40 岁	183	38.9
	41 ~ 50 岁	13	2.8
	51 岁及以上	2	0.4
学历	本科	353	75.1
	硕士及以上	73	15.5
	其他	44	9.4

续表

特征	分布	样本数（份）	比例（%）
职位	CEO/高管	20	4.3
	经理	26	5.5
	部门经理	58	12.3
	项目经理/负责人	138	29.4
	IT/系统/软件工程师	81	17.2
	研发人员/技术专家	72	15.3
	其他	75	16.0
在企业工作年限（年）		3.9	

　　由表 4 – 1 可见，绝大部分的问卷填写人是年龄处于 20 ~ 40 岁之间的中青年人，这符合服务外包行业作为朝阳产业的人员特征；同时，他们大多具有本科及以上学历，反映出服务外包行业对大学生就业的带动作用；从职位上来看，84% 的问卷填写人员是经理或者项目的重要参与者，并且在所在公司具有较长的工作经验，对项目的实际运营了解程度较高。综上所述，本次调研的关键信息员具备对离岸外包业务与问卷各个题项的良好理解，问卷填写的可信度较高。

　　（2）回应差异检验。

　　由于每个样本的一套问卷由两个关键信息员作答，有必要对配对数据进行回应差异检验，也即评分者间信度（Inter-rater Reliability）检验。其中，两位问卷填写者提供了一致的客观信息，而根据主观感知所填写的回答的相关系数介于 0.412 与 0.588 之间，并且全部显著，意味着不存在回应偏差。因此，可将两位受访者的回答取平均值，作为每一样本的各题项之取值，用于后续统计分析。

　　（3）问卷的效度分析。

　　同时，为检验问卷中包含的所有问题题项是否具有高低区分度，我们使用常见的问卷效度分析法[311]，加总得出每个样本中所有题项打分的总和，再根据得分高低进行排序，前 27% 和倒数 27% 高的样本分别作为高分组与低分组。接着用 T 检验来对比两组在各题项上的差异，结果显示二者的差异具有统计显著，表明问卷中的所有问题都是有效的，即是有高低区分度的。

（4）无偏性检验。

我们通过多次无偏性检验（Unbiased Test）来验证所回收的问卷是否具有代表性。我们首先对比了早期获取（来自西安软件园）的问卷和后期获取（来自苏州工业园和大连软件园）的问卷中填写人的个人信息和企业的一般信息。前者包括工作年限与职务等，后者包括企业年限与规模等。统计检验结果发现，前后回收的问卷中上述信息之间并没有显著差异，因此问卷的收集过程是前后一致的。其次，通过对比随机选取的 50 家交回和 50 家没有交回问卷的接包方企业的员工人数、企业性质和年销售额等基本信息，也没有发现两组之间存在显著差异。这说明本次调研所收回的问卷具有足够的代表性，并不存在回收差异。

（5）共同方法偏差检验。

在问卷收集时，若所有变量均由同一位答题人填写时，很容易存在共同方法偏差（CMV）。为了尽可能在事前预防这一问题，调研团队发放给每一个外包项目组的调研问卷都是一式两份，让两个主管分别填写。在问卷全部回收之后，我们根据波扎克夫等（Podsakoff et al.，2003）[312]的建议，采用了两种方法来进行共同方法偏差的事后检验。首先是哈曼（Harman）单因子检验法，即将所有的指标放在一起做探索性因子分析（EFA），若共同方法偏差严重，则可能会出现一个单一因子或某个因子解释了所有变量的大部分（大于 50%）协方差。检验结果表明，这一情况并未出现，在析出的 8 个因子中，第一个因子只解释了方差的 14.14%，没有占到多数。其次，我们对模型所有因子进行了一般方法因素检验（A General Method Factor）。从结果来看，单一因子模型的拟合情况明显恶化，且测量模型的卡方值显著地低于单一因子模型。综合上述情况，可以认为共同方法偏差在本书中影响不大。

4.1.4 数据的基本特征

在完成问卷的录入以及对总体数据检验后，我们从项目和接包方企业这两个层面对数据的基本面进行了分析。

4.1.4.1 项目层面

项目层面指的是项目的年限、规模、类型和客户所在地以及团队规模等方面的分布情况，如表 4 - 2 所示。

表 4 - 2　　　　　　　　项目层面样本分布（n = 235）

项目层面		样本数（份）	比例（%）
项目年限	不足 3 个月	14	6
	3 至 6 个月（不含 6 个月）	44	18.7
	6 个月至 1 年（不含 1 年）	59	25.1
	1 至 2 年（不含 2 年）	39	16.6
	2 至 3 年（不含 3 年）	26	11.1
	3 至 5 年（不含 5 年）	29	12.3
	5 年及以上	24	10.2
客户所在地	日本	127	54
	美国	53	22.6
	中国香港和中国台湾地区	19	8.1
	欧洲	14	6
	东盟	9	3.8
	韩国	4	1.7
	澳大利亚	4	1.7
	其他	5	2.1

项目层面		样本数（份）	比例（%）
团队规模	1 至 10 人	101	43
	11 至 20 人	56	23.8
	21 至 50 人	51	21.7
	51 人及以上	27	11.5
项目规模	不足 50 万美元	82	34.9
	50 万至 99 万美元	72	30.6
	100 万至 499 万美元	40	17
	500 万至 999 万美元	18	7.7
	1000 万至 4999 万美元	16	6.8
	5000 万美元及以上	7	3
项目类型	软件开发	106	45.1
	软件支持与维护	30	12.8
	信息技术服务	27	11.5
	新产品开发	23	9.8
	采购和供应链服务	11	4.7
	呼叫中心与服务	10	4.3
	数据录入与处理	7	3
	金融和会计服务	7	3
	娱乐（动漫/游戏/电影）	5	2.1
	其他	9	3.8

　　由表 4 - 2 可见，被调研的离岸外包项目中，从项目持续年限来看，分布较为平均，从半年内的短期项目到一至五年内的中长期项目和五年以上的长期项目均有涉及。合同金额反映出的项目规模和成员人数反映出的团队规模分布得也较为均匀合理，因此样本选择取样具有代表性。

从项目类型来看，很大一部分都是软件开发、软件支持与维护以及信息技术服务这样的信息技术外包（ITO）项目（共计69.4%），而其他的业务流程外包（BPO）项目占比较小（共计30.6%），这与实际中整个行业的宏观数据是相吻合的（ITO规模大概是BPO的两倍）。需要指出的是，研究样本中并没有特别区分出知识流程外包（KPO）项目，这是由于KPO项目实际上是ITO或BPO中具有高知识含量、高附加值的组成部分[313,314]。因此，软件开发（ITO）中知识密集度比较高的项目，以及新产品开发（BPO）项目其实都可归为KPO项目。因此，本书的研究样本实际上较为全面地涵盖了各类外包项目，具有较强的代表性。

从客户来源来看，来自日本与欧美的项目占到了绝大多数，总占比为82.6%。这也与当前我国承接离岸服务外包的宏观情况相符，即日本和美国一直是排名前两位的国际客户来源地，并且占据了业务总量的大多数。

总体来看，项目层面的样本分布情况说明了本书的样本抽取与数据搜集是科学的，能在较大程度上反映离岸服务外包行业的总体情况。

4.1.4.2 企业层面

企业层面指的是接包方所属地、企业性质、规模与年限等方面的分布情况，具体如表4-3所示。

表4-3　　　　　　　接包方企业层面样本分布（n=133）

特征	分布	样本数（份）	比例（%）
所在城市	西安	58	43.6
	苏州	41	30.8
	大连	34	25.6

续表

特征	分布	样本数（份）	比例（%）
所有制结构	外资企业	60	45.1
	私营企业	46	34.6
	合资企业	11	8.3
	上市公司	6	4.5
	其他	10	7.5
企业规模	300 人以下	101	75.9
	300 至 1999 人	26	19.5
	2000 人及以上	6	4.5
企业年限	不满 5 年	54	40.6
	5 至 10 年（不含 10 年）	54	40.6
	10 年及以上	25	18.8

由表 4-3 可见，被调研企业的地域分布较为均匀，没有过分依赖于某个单一城市或区域，并且基本涵盖了国内从事服务外包行业的所有不同类型的企业，与实际的宏观情况相符。并且，我国的服务外包行业是在新千年以后才开始发展的，在 2006 年得到政策扶持与鼓励后开始迅猛崛起的，因此接包方企业的整体规模较小，多以中小企业为主，也比较年轻，这些特点在本书的样本中也有所体现。总体来看，企业层面的样本描述统计同样展现了样本抽样与搜集的合理性，能在较大程度上反映离岸服务外包行业的总体情况。

4.2　研究所涉及构件的测量

4.2.1　测量指标选择的基本原则

由于具体测量指标是否合理会直接影响后续分析是否可靠与有

效，因此研究变量的测度方法是实证研究方法中的首要重点。根据以往研究的通用策略，本书的测量指标设计坚持了四点原则：

第一，通过文献检索来选择相关研究领域高质量文献中已经使用过的测量指标。本书所采用的大部分核心构件的测量都源于发表在UTD24 或 FT45 列表中的权威期刊上的文章。这些测量指标经过了大量的实证检验与严格的同行评审，较为成熟，也具有较强的参考价值。对于一些概念与定义类似，但指标描述有差异的构件，我们进行了相应的整合，并依据本书的具体情境进行了调整。

第二，由于量表构件多源于英文期刊，在译为中文指标时充分考虑被调查者的阅读习惯和可能存在的文化差异。具体地，在翻译时既要把握原有指标的具体内涵，不产生歧义、不随意添加新的含义，也要对陈述方式进行适当的调整，使之符合我国的环境和文化。

第三，由于复合指标所反映的变量信息通常比单个指标更全面，学者们往往建议使用至少两个及两个以上的指标来测量实证研究中的各个构件[315]。因此，本书中的各个研究变量都尽量使用多个指标进行测量。

第四，本书的主要构件，包括发包方控制与接包方控制等均采用李克特七分量表的形式来获得。1~7 的打分反映了问卷填写者对每个问题描述的认同情况，1 表示完全不认同，而 7 则表示完全认同。这样可将定性的描述定量化，并使得问卷清晰、简洁，便于被调查者理解和填写，在获得每个问题的得分后还可按加总平均的方式获得相关构件的得分[316]。

4.2.2 变量的测量指标及其依据

根据前文提出的理论框架与研究假设，本书所涉及的主要变量包括项目绩效、发包方控制、接包方控制、任务复杂性、关系亲密度和必要的控制变量。下面将具体描述各个变量的测量指标及其选取依据。

4.2.2.1 项目绩效

本书选取项目绩效作为反映外包成功的因变量，其测量在蒂瓦纳（2008a，2008b）[141,173] 的基础上综合而来，度量了离岸服务外包项目在产品绩效、过程绩效和总体目标达成方面的表现，共分为五个题项：该项目是在预算内完成的；该项目是按时完成的；该项目实现了顾客要求的全部特征和功能；该项目实现了关键的项目目标和业务需求；整体来看，该项目是很成功的。虽然在现有文献中，部分研究为了考察不同前因变量对项目绩效不同侧面的影响而使用二阶因子的方法来测量绩效，但本书为了更全面综合地反映外包项目绩效，仍然采用更普遍的一阶因子的测量方法，后面的检验也表明这些题项的单一维度性比较高。

4.2.2.2 发包方控制

发包方控制分为过程控制和结果控制两类。其中，发包方过程控制综合了拉斯塔吉等（2008）[140]、乔杜里和萨波维尔（Choudhury & Sabherwal，2003）[142] 两篇文章的测量，并在语句上进行了调整，使之符合从接包方角度来感知所受到的发包方过程控制。一共包含四个题项：我们定期向该客户交流和汇报该外包项目的进展与执行情况；该客户定期通过会议或电话会议来与我们商讨该项目的现状、问题及解决方案；该客户定期与我们评估项目计划的执行程度；该客户定期与我们评估该客户需求说明书的实现程度。

发包方结果控制的测量源自蒂瓦纳（2008a，2008b）[141,173]，同样的，本书也在语句上调整为接包方角度的问题，一共包含了四个题项：在评估该项目完成情况时，该客户非常重视项目是否按时完成；在评估该项目完成情况时，该客户非常重视项目是否在预算成本内完成；在评估该项目完成情况时，该客户非常重视项目完成的满意度；该客户将预先设定的目标作为评估我方绩效的基准。

4.2.2.3 接包方控制

同样的，接包方控制也分为过程控制与结果控制两类。其中，接包方过程控制的测量改编自戈帕尔和戈桑（2010）[65]一文，共有五个题项：项目实施期间，我方有责任制订内部规章制度及相应程序，以确保该项目遵循总体目标、计划与阶段目标；项目实施期间，我方有责任定期比较该项目的实际结果与该项目的总体目标、计划与阶段目标；项目实施期间，当实际结果与总体目标、计划与阶段目标之间出现偏差时，我方有责任积极采取纠正措施；项目实施期间，我方有责任确保全体项目团队成员对项目所需的投入时间做出承诺；项目实施期间，我方有责任对项目团队成员进行项目所需的技术技能/知识的培训。这里需要指出，前四个指标与原始文献的构件测量基本一致，而最后一个指标源于某位行业专家的建议以及前期现场访谈结果，其目的是反映在中国情境下接包方企业在实施过程控制时所付出的努力。同时，兰格等（2014）[79]的研究也认为，接包方对员工的相关培训属于投入控制，可被视为是过程控制的一部分。

接包方结果控制的测量也改编自戈帕尔和戈桑（2010）[65]，共有五个指标：我方将项目质量作为对项目团队成员的一条奖励标准；我方将该项目目标的及时实现作为对项目团队成员的一条奖励标准；我方将该项目的如期完工作为决定项目团队成员报酬的一个重要因素；我方将该项目的收益/成本比作为对项目团队成员的一条奖励标准；我方将该项目遵循既定日程作为对项目团队成员的一条奖励标准。需要指出的是，在原始文献中，该变量的测量包括更多的题项并对应因变量被分为了不同的维度，由于本书不对结果目标的不同维度进行细分，因此同样根据上述专家的意见进行了适度精简。

4.2.2.4 任务复杂性

任务复杂性反映了离岸服务外包项目的定制化程度和知识密集程度，给项目完成带来一定的难度。关于任务复杂性的测量在现有文献中有很多种，所包含的内容也比较庞杂，有的研究在定义任务复杂性时甚至使用了 20 个以上的特征[82]。为了在保持简洁性的同时准确描述离岸服务外包项目最重要的复杂性特征，本书综合了巴尔基等（Barki et al.，2001）[81]和纳拉亚南等（2011）[9]等研究中的指标来测量任务复杂性，最终形成以下六个指标：成功完成该外包任务所需的一系列步骤难于确定；在该外包任务中，具争议性活动的结果很难预测；执行该外包任务时，可参考的知识体系不够明确；在该外包任务执行过程中，经常出现一些不能立即解决的问题；在该外包任务执行过程中，行动情况、参与者及任务方面的变动程度很大；执行该外包任务依赖于其他相关活动的实施。

虽然现有文献中有部分研究用二阶因子的方式来测量任务复杂性，但本书选择用更为简洁的一阶因子来综合反映任务复杂性的特点，所选题项也体现了 3.2.1 节中所描述的任务元素之间因果关系模糊、相互依赖、知识密集以及难以标准化等一系列任务复杂性的内在特征。这种做法也与近年来陆亚东（2013）[129]、拉斯塔吉（2008）[140]等学者研究相一致，因此是可取的，并且后续检验也显示了以一阶因子方式测量的任务复杂性具有高度的单一维度性。

4.2.2.5 关系亲密度

发包方与接包方之间的关系亲密度反映了双方的情感认同、互惠期望与互动程度，并主要体现在价值导向的趋同、信息共享的意愿与共同解决问题的倾向等方面。本书在设计关系亲密度的测量指标时综合参考了原始文献、在渠道管理情境下以及在离岸服务外包情境下的应用文献，包括伍兹（1997）[242]、劳森（2008）[84]与拉希里和基迪亚（Lahiri & Kedia，2009）[42]等学者。该变量一共包含了六个题项：该客户与我们有着一致的组织价值观和社会规范；该客户与我们通过相互讨论来解决许多非常规的问题；该客户与我们总是通过相互适应和调整来解决问题；该客户与我们相互提醒对方留意那些可能会给项目带来问题的事件；该客户与我们相互分享影响双方业务的环境信息；该客户与我们相信彼此会关注对方所得到的福利，而不仅是关注自身得到的。同样的，这些测量指标根据本书的情境需要在语句上做了相应的调整。

4.2.2.6 控制变量

除了本书所关注的外包双方的控制机制外，离岸服务外包项目的绩效显然还会受到其他一系列因素的影响，因此应该作为控制变量加以控制，以降低其对模型和假设验证的干扰作用。在借鉴以往研究的基础上，本书选取了反映项目层面、团队层面、接包方企业层面和双方企业间层面特点的六个变量作为本书的控制变量。

第一，项目层面的控制变量包括项目年限和项目规模。在很多离岸外包研究中，项目年限都作为必要的控制变量，因为期限较长的项目的管理难度往往比较短的项目要大，因此项目年限可能会直接影响项目绩效[24]。本书使用外包合同所明确规定的项目持续年限来测量项目年限，作为一个定序变量，它具有如下的取值含义：1表示短于3个月，2表示介于3到6个月之间（不含6个月），3表示介于6到1年之间（不含1年），4表示介于1到2年之间（不含2年），5表示介于2到3年之间（不含3年），6表示介于3到5年之间（不含5年），7表示长至5年及以上。类似的，项目规模也可能会直接影响离岸外包项目绩效。与拉斯塔吉等（2008）[140]的研究类似，本书用项目的合同总金额来衡量项目规模，它同时也体现了项目的重要性。这个指标来自合同的客观数据，也是一个定序变量，具体赋值含义如下：1 = 小于50万美元，2 = 50万至100万美元（不含100万美元），3 = 100万至500万美元（不含500万美元），4 = 500万至1000万美元（不含1000万美元），5 = 1000万至5000万美元（不含5000万美元），6 = 5000万美元及以上。

第二，团队层面的控制变量主要指的是团队规模。现有的很多研究都指出了团队规模对外包项目绩效的影响[63,65]，因为更大的团队意味着拥有更多的资源和更强的能力，将直接决定项目执行的速度和质量，继而影响项目绩效。借鉴现有文献中的通行做法，本书用外包项目中的团队成员人数来表示团队的规模大小。

第三，接包方企业层面的控制变量主要指的是公司年限。由于服务外包行业在我国属于新兴行业，企业成立时间普遍较短，并且存活状况也各有差异。接包方企业成立的年限意味着其提供离岸外包服务的时间长短，在一定程度上也代表了其经验水平与服务实力，将会给项目的完成情况带来影响，因此应该被纳入控制变量。

第四，双方企业间层面的控制变量包括合作经历和文化距离。合作经历会影响接包方对发包方业务领域与相关需求的熟悉程度，将在现有项目中影响执行的效率与质量，因此也被不少研究视为决定项目绩效的重要因素之一[77]。本书使用"在该调研项目之前，接包方企业已为该客户企业完成过的外包项目的数量"进行衡量。在涉及到跨文化合作的研究中，文化距离始终是探究合作绩效时不可或缺的因素之一，因此有必要控制起来。根据通用的测量方法，本书也采用了科格特和辛格（Kogut & Singh，1988）[317]的加权平均指数法，基于霍弗斯坦德（Hofstede，1980）[318]所提出的权力距离、个人主义/集体主义、男性主义/女性主义和不确定规避四个维度来计算发包方与接包方之间的文化距离。

5

实证分析与结果

　　本章将基于调研数据进行实证分析，检验前文所述的研究假设能否获得实证支持，并将相关的分析结果进行详细汇报。主要内容包括数据处理和指标净化、变量的信度与效度分析、数据的描述性统计分析、概念模型与假设检验，其具体步骤如图 5 - 1 所示。

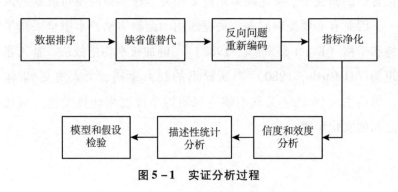

图 5 - 1　实证分析过程

5.1　数据处理与指标净化

　　本书首先对数据进行了初步处理，使其满足后续检验的需求，主要包括缺省值替代和反向问题编码。前者指的是用有效回答的均值来代替数据库中出现的空缺或未按格式要求填写的选项，后者指的是按照 1 换 7、2 换 6、3 换 5、5 换 3、6 换 2、7 换 1 的方式进行重新编码。

随后，通过对数据的质量进行初步检验来净化各个指标，主要包括项目相关度（Item-to – Total Correlation）分析和单一纬度（Unidi-mensionality）检验两项。当构件的各个测量指标之间的耦合性越高，它们之间的项目相关度也就越高，而如果其中某个指标的纠正后项目相关度系数（CITC）小于 0.4 这一经验临界值，则意味着该指标与其他指标之间的耦合性不好，不能很好地结合在一起反映该构件，应该予以剔除。检验结果显示，本书所涉及的测量指标都能很好地按预期耦合在一起，符合项目相关度的要求。

单一维度性有两个方面的要求，一是每个测量指标都对其所测度的构件有显著的因子载荷，二是不存在交叉载荷（Cross Factor Loading），也就是说同一个测量指标不能同时既在构件 A 上，也在构件 B 上具有显著的因子载荷。本书在检验测量指标的单一维度性时，使用的是探索性因子分析（EFA）的方法，并发现所有构件的测量指标都满足上述两个条件，其因子载荷都大于 0.4，且不存在交叉载荷。

5.2 变量的信度和效度检验

5.2.1 信度检验

变量的信度检验衡量的是某个构件的测度结果的稳定性和一致性程度，并包含稳定性、等值性和内部一致性三类指标。其中，内部一致性衡量的是某一指标与测度同一构件的其他指标之间的相关程度，反映了不同测量指标给测量结果所带来的差异[291]。目前文献中的通用做法是用内部一致性系数（即 Cronbachα 系数）来检验变量的信度，Cronbachα 系数介于 0 到 1 之间，越接近于 1 则表示变量的信度越好。本书所有多指标变量的 Cronbachα 系数列举在表 5 – 1 中，它们的数值均大于 0.7 这一经验边界值，说明这些变量具有很好的信度。

此外，变量的信度还可由组合信度（composite reliability，CR）来反映，与 Cronbachα 系数类似，CR 值越大，表明构件的信度越好，而 CR 值高于 0.7 也意味着变量的测量具有良好的信度。所有多指标变量的 CR 值也列在表 5 – 1 中，可以看出它们都大于 0.7，进一步佐证了本书所涉及的各个构件的良好信度。

5.2.2　效度检验

效度也即有效性，指的是测量指标能够准确反映出所测量的构件的程度，并且包含了内容效度、收敛效度和判别效度三个方面。由于本书所使用的测量指标几乎都是根据发表在国际权威期刊上的现有研究拟订的，并且结合了我国离岸服务外包的实际情况进行调整，其内容效度可以得到保障。在统计检验上更值得关注的是后两类，即收敛效度与判别效度。

5.2.2.1　收敛效度

收敛效度指的是所使用的指标集中反映了所要测量的构件，不存在交叉载荷的问题，可通过三种方法来检验。第一，如 5.1 小节所述，探索性因子分析的结果显示不存在交叉载荷。第二，通过计算各个测量指标的因子载荷值（如表 5 – 1 所示），结果发现除了两个题项以外，绝大多数题项的因子载荷值均在 0.6 以上。考虑到因子载荷的可接受范围是在0.4以上[319]，因此可认为本书所使用的变量测量具有良好的收敛效度。最后，通过计算各个变量的平均提取方差比（average variance extracted，AVE），也可验证测量指标之间的聚合度。一般认为，AVE值大于0.5表明变量整体上比误差项提供了更多的原始变量信息，AVE值越高意味着变量指标的收敛度越好，因此AVE值大于0.5是比较合理的[320]，但同时也有其他学者认为，AVE值大于0.4即可[319]。各个变量的平均提取方差比的计算结果在下一小节的表5-3中列出，可见所有变量的AVE值都在可接受范围之内。综上所述，本书中的测量指标显示出较好的收敛效度。

5.2.2.2　判别效度

判别效度指的是不同构件之间可以有效区分，在本书中用以下两种方法进行衡量。其一，比较各研究变量的AVE的平方根值与该变量和其他所有变量的相关系数值，如果前者比所有的相关系数都大，意味着该变量的判别效度较好[320]。表5-1总结了所有研究变量的Cronbachα系数值、因子载荷值和CR值。而研究变量间的相关系数则在下一小节的表5-3中列出，表中对角线上的数值为该变量的AVE的平方根值，以便于比较。从表5-3可见，所有变量的AVE的平方根值均大于下方的相关系数值，表明本书中的所有变量都有良好的判别效度。

表5-1　　　　　　　　　　　信度与效度分析

量表	载荷	α值	CR
项目绩效（PP）		0.862	0.906
PP1　该项目是在预算内完成的	0.709		
PP2　该项目是按时完成的	0.856		

量表	载荷	α 值	CR
PP3 该项目实现了顾客要求的全部特征和功能	0.823		
PP4 该项目实现了关键的项目目标和业务需求	0.796		
PP5 整体来看，该项目是很成功的	0.863		
发包方过程控制（CP）		0.815	0.878
CP1 我们定期向该客户交流和汇报该外包项目的进展与执行情况	0.681		
CP2 该客户定期通过会议或电话会议来与我们商讨该项目的现状、问题及解决方案	0.831		
CP3 该客户定期与我们评估项目计划的执行程度	0.856		
CP4 该客户定期与我们评估该客户需求说明书的实现程度	0.830		
发包方结果控制（CO）		0.804	0.875
CO1 在评估该项目完成情况时，该客户非常重视项目是否按时完成	0.827		
CO2 在评估该项目完成情况时，该客户非常重视项目是否在预算成本内完成	0.754		
CO3 在评估该项目完成情况时，该客户非常重视项目完成的满意度	0.844		
CO4 该客户将预先设定的目标作为评估我方绩效的基准	0.765		
接包方过程控制（VP）		0.907	0.931
VP1 项目实施期间，我方有责任制订内部规章制度及相应程序，以确保该项目遵循总体目标、计划与阶段目标	0.837		

量表	载荷	α 值	CR
VP2 项目实施期间，我方有责任定期比较该项目的实际结果与该项目的总体目标、计划与阶段目标	0.874		
VP3 项目实施期间，当实际结果与总体目标、计划与阶段目标之间出现偏差时，我方有责任积极采取纠正措施	0.886		
VP4 项目实施期间，我方有责任确保全体项目团队成员对项目所需的投入时间做出承诺	0.840		
VP5 项目实施期间，我方有责任对项目团队成员进行项目所需的技术技能/知识的培训	0.832		
接包方结果控制（VO）		0.888	0.918
VO1 我方将项目质量作为对项目团队成员的一条奖励标准	0.751		
VO2 我方将该项目目标的及时实现作为对项目团队成员的一条奖励标准	0.850		
VO3 我方将该项目的如期完工作为决定项目团队成员报酬的一个重要因素	0.841		
VO4 我方将该项目的收益/成本比作为对项目团队成员的一条奖励标准	0.841		
VO5 我方将该项目遵循既定日程作为对项目团队成员的一条奖励标准	0.870		
项目复杂性（TC）		0.836	0.851
TC1 成功完成该外包任务所需的一系列步骤难以确定	0.805		
TC2 在该外包任务中，具争议性活动的结果很难预测	0.832		
TC3 执行该外包任务时，可参考的知识体系不够明确	0.788		

续表

量表	载荷	α 值	CR
TC 在该外包任务执行过程中，经常出现一些不能立即解决的问题	0.659		
TC 在该外包任务执行过程中，行动情况、参与者及任务方面的变动程度很大	0.799		
TC6 执行该外包任务依赖于其他相关活动的实施	0.564		
关系亲密度（RC）		0.783	0.807
RC1 该客户与我们有着一致的组织价值观和社会规范	0.668		
RC2 该客户与我们通过相互讨论来解决许多非常规的问题	0.742		
RC3 该客户与我们总是通过相互适应和调整来解决问题	0.737		
RC4 该客户与我们相互提醒对方留意那些可能会给项目带来问题的事件	0.702		
RC5 该客户与我们相互分享影响双方业务的环境信息	0.742		
RC6 该客户与我们相信彼此会关注对方所得到的福利，而不仅是关注自身得到的	0.572		

其二，本书对测量指标进行了验证性因子分析（CFA），并在表5-2 中报告相关结果。χ^2/df 的值在 1~3，CFI 与 IFI 的值均大于0.9，GFI、NFI 与 TLI 的值接近于 0.9，RMSEA 的值小于 0.08，这说明验证性因子分析的结果是可接受的，由这些变量建立的模型的拟合度较好，同时也表明了构件可有效区分，再次验证了构件具有良好的信度和效度。

表 5 – 2   验证性因子分析结果

指标	模型值	解释与说明
χ^2/df	1.825	数值在 1 ~ 3，说明模型拟合较好
CFI	0.906	大于 0.9，说明模型拟合较好
GFI	0.820	大于 0.8，说明模型拟合较好
RMSEA	0.059	小于 0.07，说明模型拟合较好
NFI	0.816	接近 0.9，说明模型拟合较好
IFI	0.908	大于 0.9，说明模型拟合较好
TLI	0.890	接近 0.9，说明模型拟合较好

5.3　描述性统计分析

在完成指标净化和信度效度分析之后，本书也使用 SPSS17.0 软件对研究涉及的所有变量进行了描述性统计分析，包括变量的均值、标准差和相关系数，其结果如表 5 – 3 所示。如果两个变量之间的相关系数大于 0.7，意味着它们可能"过于相同"而应该合二为一[311]。从表 5 – 3 可以看出，所有变量之间的相关度适中，并且存在较好的区分度。同时，各研究变量不存在标准差过小，或者均值大小不合理的情况，可见样本的分布是合理的。

需要指出的是，相关系数的方向大小或显著性水平只能作为结果分析的一个参考，并不能作为判断研究假设是否成立的最终依据，因为它们反映的只是两个变量之间多种路径综合作用的结果。要验证数据对概念模型与具体假设的支持情况，需要借助于更加细致的统计分析手段。

表 5－3

均值、标准差与相关系数表

	1	2	3	4	5	6	7	8	9	10	11	12	13
1. 发包方过程控制	0.802												
2. 发包方结果控制	0.612**	0.799											
3. 接包方过程控制	0.641**	0.610**	0.854										
4. 接包方结果控制	0.316**	0.374**	0.314**	0.832									
5. 任务复杂性	-0.242**	-0.182**	-0.241**	0.087	0.748								
6. 关系亲密度	0.501**	0.474**	0.490**	0.422**	-0.010	0.696							
7. 项目绩效	0.476**	0.509**	0.523**	0.234**	-0.275**	0.404**	0.811						
8. 项目年限	0.079	0.052	0.092	-0.134*	-0.067	0.091	-0.069	—					
9. 项目规模	0.060	0.044	0.014	-0.061	-0.014	0.056	-0.064	0.630**	—				
10. 团队人数	0.210**	0.174**	0.120	0.129*	0.097	0.186**	0.125	0.218**	0.393**	—			
11. 公司年历	0.123	0.005	0.079	-0.134*	0.011	0.048	0.034	0.201*	0.130*	0.117	—		
12. 合作经历	0.015	0.065	-0.006	-0.039	0.067	-0.032	0.016	-0.135*	-0.099	-0.118	0.118	—	
13. 文化距离	0.009	-0.089	-0.041	0.002	-0.022	-0.075	-0.089	0.173**	0.231**	0.097	-0.166*	0.039	—
均值	5.894	5.975	6.096	5.387	3.979	5.567	6.005	3.860	2.30	28.82	7.30	2.040	2.957
标准差	0.719	0.696	0.656	0.934	1.048	0.669	0.698	1.747	1.354	47.25	4.907	0.986	1.023

注：* $p<0.05$；** $p<0.01$（双尾）；对角线上的系数为相应变量的 AVE 值的平方根。

5.4 假设检验结果

按照第 4 章提到的假设检验方法，本书通过公式（5-1）到公式（5-6）六个回归模型来验证所提出的概念模型和研究假设。具体操作步骤如下：第一步，在模型 1 中只放入项目年限、项目规模和团队人数等控制变量；第二步，在模型 1 的基础上加入发包方和接包方各自施加的两类控制机制，以便检验双方四种控制机制的直接作用；第三步，在模型 2 的基础上加入任务复杂性和四种控制机制与任务复杂性的交互项，以便检验前者对双方各种控制机制的作用的调节效应；第四步，在模型 2 的基础上加入关系亲密度和四种控制机制与关系亲密度的交互项，以便检验前者对双方各种控制机制的作用的调节效应；第五步，在模型 3 的基础上加入自变量之间的交互项和它们与任务复杂性形成的三次交互项，以便检验在任务复杂性下双方控制之间的交互作用；第六步，在模型 4 的基础上加入自变量之间的交互项和它们与关系亲密度形成的三次交互项，以便检验在关系亲密度下双方控制之间的交互作用。

$$PP = \beta_1 PL + \beta_2 PS + \beta_3 TS + \beta_4 FH + \beta_5 CH + \beta_6 CD + \varepsilon \quad (5-1)$$

$$\begin{aligned} PP = &\beta_1 PL + \beta_2 PS + \beta_3 TS + \beta_4 FH + \beta_5 CH + \beta_6 CD \\ &+ \beta_7 CP + \beta_8 CO + \beta_9 VP + \beta_{10} VO + \varepsilon \end{aligned} \quad (5-2)$$

$$\begin{aligned} PP = &\beta_1 PL + \beta_2 PS + \beta_3 TS + \beta_4 FH + \beta_5 CH + \beta_6 CD + \beta_7 CP \\ &+ \beta_8 CO + \beta_9 VP + \beta_{10} VO + \beta_{11} TC + \beta_{12} CP \times TC \\ &+ \beta_{13} CO \times TC + \beta_{14} VP \times TC + \beta_{15} VO \times TC + \varepsilon \end{aligned} \quad (5-3)$$

$$\begin{aligned} PP = &\beta_1 PL + \beta_2 PS + \beta_3 TS + \beta_4 FH + \beta_5 CH + \beta_6 CD + \beta_7 CP \\ &+ \beta_8 CO + \beta_9 VP + \beta_{10} VO + \beta_{11} RC + \beta_{12} CP \times RC \\ &+ \beta_{13} CO \times RC + \beta_{14} VP \times RC + \beta_{15} VO \times RC + \varepsilon \end{aligned} \quad (5-4)$$

$$PP = \beta_1 PL + \beta_2 PS + \beta_3 TS + \beta_4 FH + \beta_5 CH + \beta_6 CD + \beta_7 CP$$
$$+ \beta_8 CO + \beta_9 VP + \beta_{10} VO + \beta_{11} TC + \beta_{12} CP \times TC$$
$$+ \beta_{13} CO \times TC + \beta_{14} VP \times TC + \beta_{15} VO \times TC + \beta_{16} CP \times VP$$
$$+ \beta_{17} CP \times VO + \beta_{18} CO \times VP + \beta_{19} CO \times VO + \beta_{20} CP$$
$$\times VP \times TC + \beta_{21} CP \times VO \times TC + \beta_{22} CO \times VP$$
$$\times TC + \beta_{23} CO \times VO \times TC + \varepsilon \qquad (5-5)$$

$$PP = \beta_1 PL + \beta_2 PS + \beta_3 TS + \beta_4 FH + \beta_5 CH + \beta_6 CD + \beta_7 CP + \beta_8 CO$$
$$+ \beta_9 VP + \beta_{10} VO + \beta_{11} RC + \beta_{12} CP \times RC + \beta_{13} CO \times RC$$
$$+ \beta_{14} VP \times RC + \beta_{15} VO \times RC + \beta_{16} CP \times VP + \beta_{17} CP \times VO$$
$$+ \beta_{18} CO \times VP + \beta_{19} CO \times VO + \beta_{20} CP \times VP \times RC + \beta_{21} CP$$
$$\times VO \times RC + \beta_{22} CO \times VP \times RC + \beta_{23} CO \times VO \times RC + \varepsilon \qquad (5-6)$$

式中：

PP——项目绩效；

PL、PS、TS、FH、CH、CD——项目年限、项目规模、团队人数、公司年限、合作历史、文化距离；

CP、CO、VP、VO——发包方过程控制、发包方结果控制、接包方过程控制、接包方结果控制；

TC、RC——任务复杂性、关系亲密度。

在回归模型中涉及到有交互项时，本书在计算交互项时都按照艾肯等（Aiken et al.，1991）[321]的建议对形成交互项的自变量做了中心化处理，以便减少多重共线性的影响。而通过计算各个模型的方差膨胀因子（VIF），本书发现 VIF 值都小于 2，远低于 10 这一上限值[322]，说明本书的研究模型不会因为交互项的加入而产生严重的多重共线性问题。具体的分层多元回归分析结果在表 5 - 4 中列出，模型 1 至模型 6 对应公式（5 - 1）至公式（5 - 6）。需要说明的是，在模型 5 和模型 6 中，由于二阶和三阶的交互项众多，为了结果显示的清晰与简约性，本书只列出了与假设相关的交互项。

表 5 - 4 相关假设的实证检验结果 （N = 235）

因变量：项目绩效		模型 1	模型 2	模型 3	模型 4	模型 5	模型 6
控制变量	项目年限	$-0.122^{\dagger}$ (0.076)	-0.116^{*} (0.065)	-0.113^{*} (0.059)	-0.125^{**} (0.057)	$-0.098^{\dagger}$ (0.064)	-0.101^{*} (0.059)
	项目规模	-0.099 (0.081)	-0.039 (0.070)	-0.062 (0.056)	-0.061 (0.056)	-0.036 (0.063)	-0.061 (0.058)
	团队人数	0.237^{***} (0.070)	0.118^{**} (0.058)	0.121^{**} (0.056)	$0.087^{\dagger}$ (0.055)	0.117^{*} (0.055)	0.108^{*} (0.055)
	公司年限	0.068 (0.066)	0.019 (0.054)	0.062 (0.056)	0.049 (0.054)	0.051 (0.056)	0.043 (0.055)
	合作经历	$-0.129^{\dagger}$ (0.066)	-0.075 (0.054)	-0.049 (0.056)	-0.078 (0.054)	-0.035 (0.055)	$-0.089^{\dagger}$ (0.054)
	文化距离	-0.129^{*} (0.067)	-0.091^{*} (0.056)	-0.092^{*} (0.054)	-0.047 (0.054)	$-0.092^{\dagger}$ (0.055)	-0.051 (0.055)
调节变量	任务复杂性 （TC）	—	—	-0.214^{***} (0.058)	—	-0.208^{***} (0.059)	—
	关系亲密度 （RC）	—	—	—	0.134^{**} (0.063)	—	0.193^{***} (0.078)
直接效应	发包方过程控制 （CP）	H1a	0.158^{**} (0.058)	0.156^{**} (0.056)	0.136^{*} (0.062)	0.172^{**} (0.063)	0.138^{***} (0.061)
	发包方结果控制 （CO）	H1b	0.256^{***} (0.066)	0.237^{***} (0.064)	0.182^{***} (0.062)	0.283^{***} (0.064)	0.185^{***} (0.066)
	接包方过程控制 （VP）	H2a	0.247^{***} (0.066)	0.226^{***} (0.065)	0.205^{***} (0.067)	0.268^{***} (0.071)	0.259^{***} (0.073)
	接包方结果控制 （VO）	H2b	0.159^{***} (0.055)	0.137^{**} (0.061)	0.178^{***} (0.057)	0.126^{**} (0.064)	0.160^{***} (0.059)

续表

因变量：项目绩效		模型 1	模型 2	模型 3	模型 4	模型 5	模型 6
调节效应	CP × TC H3a	—		−0. 159 ** (0. 073)		−0. 122 * (0. 077)	
	CO × TC H3b	—		0. 105 * (0. 068)		0. 110† (0. 063)	
	VP × TC H4a	—		0. 139 * (0. 067)		0. 170 ** (0. 075)	
	VO × TC H4b			0. 089 (0. 062)		0. 081 (0. 073)	
	CP × RC H5a	—	—		−0. 109 (0. 085)	—	−0. 052 (0. 095)
	CO × RC H5b	—	—		−0. 181 *** (0. 065)	—	−0. 228 *** (0. 085)
	VP × RC H6a	—	—		0. 151 * (0. 071)	—	0. 264 *** (0. 094)
	VO × RC H6b	—	—		0. 128 *** (0. 054)	—	0. 198 *** (0. 068)
交互效应	CP × VP × TC H7	—	—	—	−0. 186 ** (0. 069)	—	
	CP × VO × TC H8	—	—	—	0. 199 *** (0. 081)	—	
	CO × VP × TC H9	—	—	—	0. 201 *** (0. 060)	—	
	CO × VO × TC H10	—	—	—	−0. 124 * (0. 062)	—	
	CP × VP × RC H11	—	—	—	—	—	−0. 220† (0. 114)
	CP × VO × RC H12	—	—	—	—	—	0. 246 *** (0. 081)
	CO × VP × RC H13	—	—	—	—	—	−0. 125 (0. 100)
	CO × VO × RC H14	—	—	—	—	—	−0. 062 (0. 086)

续表

因变量：项目绩效	模型 1	模型 2	模型 3	模型 4	模型 5	模型 6
Model F	1.631 *	7.184 ***	4.756 ***	4.758 ***	3.585 ***	3.488 ***
R^2	0.088	0.402	0.455	0.464	0.524	0.540
ΔR^2	—	0.314	0.053	0.062	0.069	0.076
Hierarchical F	—	29.40 ***	4.26 **	5.07 ***	3.82 **	4.36 **

显著性水平：*** $p < 0.001$；** $p < 0.01$；* $p < 0.05$；†$p < 0.1$。

从表 5–4 中所列出的 Model F 值可以看出，所有 6 个模型都具有统计意义上的显著性，也就意味着对应的 6 个回归方程成立。其中，模型 1 作为基准模型只包含有控制变量作自变量，该模型虽然显著，但其 R^2 值只有 0.088，说明这些控制变量对项目绩效的变异解释是十分有限的。而随着预测变量的逐渐增加，模型的变异解释度（R^2 值）也依次增加，并且 Hierarchical F 值也都显著，说明新加入的变量可以更进一步地解释因变量的变化。

5.4.1　直接效应的检验结果

第一组假设是关于发包方和接包方各自的两种控制机制对项目绩效的直接效应。由于交互项代表了限定条件下某变量的作用，因此对于直接效应的解读应该仅限于不包含交互项的模型中[63]，在本书中即为模型 2。从模型 2 可见，发包方的过程控制对项目绩效具有显著的正向作用（β = 0.158，$p < 0.01$），因此假设 1a 得到验证，发包方结果控制的回归系数也为正向显著（β = 0.256，$p < 0.001$），假设 1b 也获得支持；关于接包方的控制机制中，模型 2 中的回归结果显示接包方过程控制正面促进项目绩效（β = 0.247，$p < 0.001$），同样的，接包方结果控制也对项目绩效有显著的正向作用（β = 0.159，p <

0.001），表明假设 2a 和 2b 都获得通过。

5.4.2 调节效应的检验结果

5.4.2.1 任务复杂性的调节作用检验

第二组假设探讨了任务复杂性对双方控制与项目绩效之间关系的调节作用，并在模型 3 中对这组假设进行了检验。从表 5－4 中模型 3 的实证结果可见，发包方的两种控制机制对项目绩效的正向作用会受到任务复杂性的不同调节影响。其中，发包方过程控制的作用被负向调节（$\beta = -0.159$，$p < 0.01$），说明任务复杂性的增加会降低发包方过程控制对项目绩效的提升效应，假设 3a 得到了支持。而发包方结果控制的作用被正向调节（$\beta = 0.105$，$p < 0.05$），说明发包方结果控制与项目绩效之间的正向关系在更高的任务复杂性下更为凸显，假设 3b 也获得了支持。

进一步地，图 5－2 和图 5－3 更清晰地展示了上述两个调节关系。从图 5－2 中可见，发包方过程控制对项目绩效的提升作用在低任务复杂性下更为明显，而在高复杂性下变化不大，甚至是微降，因此任务复杂性呈现出负向调节的作用；而在图 5－3 中，发包方结果控制对项目绩效的提升作用在高任务复杂性下比低任务复杂性下更强一些（前者的关系线条斜率更大、更为陡峭），因此任务复杂性对发包方结果控制的作用具有正向调节效应。

类似的，从表 5－4 中模型 3 的实证结果可见，任务复杂性对接包方两种控制绩效提升作用的影响也不尽相同。具体来说，接包方过程控制的作用被正向调节（$\beta = 0.139$，$p < 0.05$），意味着接包方过程控制对任务复杂性更高的项目的绩效贡献更大，假设 4a 获得通过。同样的，图 5－4 进一步展示了假设 4a 的调节关系。图中显示，接包方过程控制增加带来的项目绩效提升程度在高任务复杂性下比在低任

务复杂性下要高（前者的关系线条斜率更大、更为陡峭），因此任务
复杂性对接包方过程控制的作用具有正向调节效应。

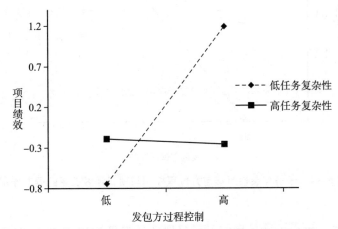

图 5 - 2　任务复杂性对发包方过程控制与项目绩效关系的调节作用

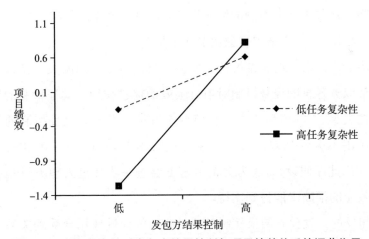

图 5 - 3　任务复杂性对发包方结果控制与项目绩效关系的调节作用

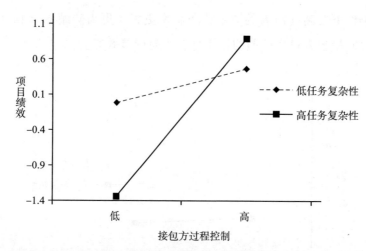

图 5 - 4　任务复杂性对接包方过程控制与项目绩效关系的调节作用

　　相反，接包方结果控制对项目绩效的促进作用受到任务复杂性的调节影响并不显著（β = 0.089，p > 0.1），原假设 4b 关于任务复杂性会降低接包方结果控制的绩效提升效应的推断未能获得支持。

5.4.2.2　关系亲密度的调节作用检验

　　接下来，第三组假设讨论了发包方与接包方之间的关系亲密度如何调节双方各自的控制机制对项目绩效的促进作用，实证检验的结果显示在表 5 - 4 的模型 4 中。从模型 4 可见，发包方过程控制的绩效提升作用不会受到双方关系亲密度的显著影响（β = - 0.109，p > 0.1），因此原假设 5a 认为关系亲密度会进一步促进发包方过程控制正向效应的推断未能得到支持。

　　相反的，发包方结果控制对项目绩效的促进作用会受到关系亲密度显著的负向调节（β = - 0.181，p < 0.001），说明在更亲密的合作关系中，发包方结果控制发挥的效用更小，假设 5b 获得通过。关于假设 5b 的调节作用在图 5 - 5 中有更清晰的展示。图中显示，发包方结果控制的增加给项目绩效带来的提高程度在低关系亲密度下比在高

关系亲密度下更为明显（前者的关系线条斜率更大、更为陡峭），因此关系亲密度的增加不能使发包方结果控制发挥更大的效用，呈现出明显的负向调节作用。

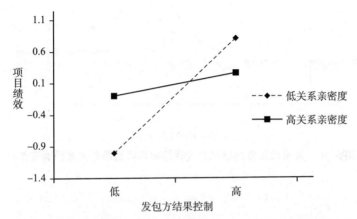

图 5 –5　关系亲密度对发包方结果控制与项目绩效关系的调节作用

　　同样的，关系亲密度对接包方两种控制机制正向作用的调节效应的检验结果也显示在表 5 – 4 的模型 4 中。从结果可见，接包方过程控制与关系亲密度的交互项系数正向显著（β = 0. 151，p < 0. 05），接包方结果控制与关系亲密度的交互项系数也为正向显著（β = 0. 128，p < 0. 001），意味着当外包双方的关系更为亲密时，接包方的过程控制和结果控制都能对项目绩效发挥出更大的促进作用，假设 6a 和 6b 均获得通过。

　　以上两个调节关系的图示说明在图 5 – 6 和图 5 – 7 中有进一步展示。从图 5 – 6 和图 5 – 7 可见，接包方的过程控制和结果控制对项目绩效的提升作用在高关系亲密度下都比在低关系亲密度下要更强一些（前者的关系线条斜率更大、更为陡峭），也即关系亲密度促使两种控制机制发挥出更大的效用，具有明显的正向调节作用。

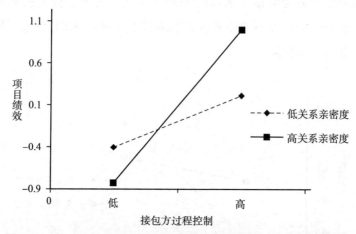

图 5 - 6　关系亲密度对接包方过程控制与项目绩效关系的调节作用

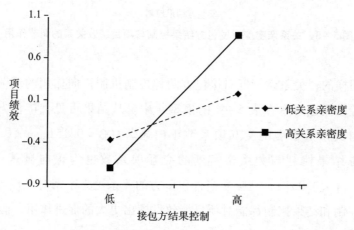

图 5 - 7　关系亲密度对接包方结果控制与项目绩效关系的调节作用

5.4.3　交互效应的检验结果

5.4.3.1　任务复杂性下双方控制机制的交互作用检验

第四组假设讨论了在任务复杂性的背景下双方所实施控制机制之

间的交互作用，从接包方的角度来看，也可视为是任务复杂性与发包方控制对接包方控制作用的"双重调节"影响。相应的，模型5对这一组假设进行了检验。从表5-4中模型5的回归结果可见，任务复杂性与"发包方过程控制×接包方过程控制"这一组合的三次交互项的回归系数为负向显著（$\beta = -0.186$，$p < 0.01$），意味着在任务复杂性下双方同时使用过程控制时具有替代效应，也即此时接包方过程控制对项目绩效的促进作用会被减缓，假设7获得支持。

为了更清楚地显示三次交互的作用机制，本书通过图5-8来说明上述关系，具体展现了在高任务复杂性和低任务复杂性下，当加强发包方过程控制时，接包方过程控制的增加对项目绩效边际影响的变化。从图中可见，两条线的斜率有明显差异，并且在低复杂性下发包方过程控制增加时，接包方过程控制对项目绩效的边际作用呈上升趋势，而在高复杂性下发包方过程控制增加时，接包方过程控制对项目绩效的边际作用是下降的。换句话说，随着任务复杂性的增加，发包方过程控制与接包方过程控制之间趋于互相替代的关系，对项目绩效的联合作用降低。

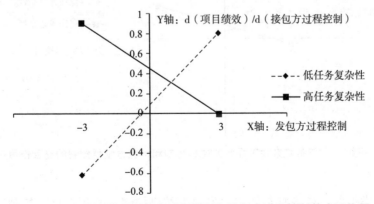

图5-8 任务复杂性下发包方过程控制和接包方过程控制的交互作用

　　而在模型 5 中，任务复杂性与"发包方过程控制 × 接包方结果控制"这一组合的三次交互项的回归系数为正向显著（β = 0.199，p < 0.001），说明在任务更复杂的项目中，发包方和接包方分别使用过程控制和结果控制会产生互补的协同作用，也即此时接包方结果控制对项目绩效的正向作用进一步增强，这与假设 8 的推论相一致。

　　本书通过图 5 - 9 来辅助说明上述关系，具体展现了在高任务复杂性和低任务复杂性下，当加强发包方过程控制时，接包方结果控制的增加对项目绩效边际影响的变化。与上一个假设类似，图 5 - 9 中两条线的斜率明显不同：在低复杂性下随着发包方过程控制的增加，接包方结果控制对项目绩效的边际作用是下降的，而在高复杂性下发包方过程控制增加时，接包方结果控制对项目绩效的边际作用呈上升趋势。这意味着随着任务复杂性的增加，发包方过程控制与接包方结果控制之间趋于互相补充的关系，对项目绩效的联合作用增加。

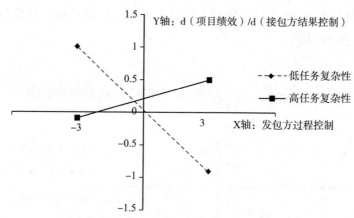

图 5 - 9　任务复杂性下发包方过程控制和接包方结果控制的交互作用

　　类似的，任务复杂性与"发包方结果控制 × 接包方过程控制"这一组合的三次交互项的回归系数也为正向显著（β = 0.201，p <

0.001），意味着在任务更复杂的项目中，发包方和接包方分别使用结果控制和过程控制也将产生互补的协同作用，此时接包方过程控制对项目绩效的正向作用进一步增强，假设9得以通过。

这一假设关系可以通过图5-10来进行说明，具体反映了在高任务复杂性和低任务复杂性下，当加强发包方结果控制时，接包方过程控制的增加对项目绩效边际影响的变化。从图中可以清楚地看到，代表接包方过程控制边际作用变化的两条线的斜率具有明显区别。具体地，在低复杂性下随着发包方结果控制的增加，接包方过程控制对项目绩效的边际作用是下降的，而在高复杂性下发包方结果控制增加时，接包方过程控制对项目绩效的边际作用呈上升趋势。这表明随着任务复杂性的增加，发包方结果控制与接包方过程控制之间趋于互相补充的关系，对项目绩效的联合作用增加。

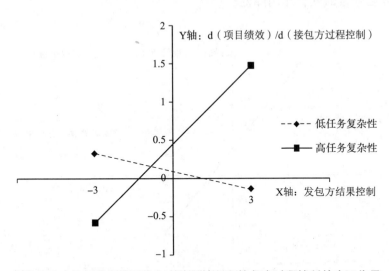

图5-10 任务复杂性下发包方结果控制和接包方过程控制的交互作用

最后，假设10探讨的是在任务复杂性的情境下双方同时使用结果控制时的交互作用。从表5-4中模型5的回归结果来看，任务复杂性与"发包方结果控制×接包方结果控制"这一组合的三次交互项的回归系数为负向显著（$\beta = -0.124$，$p < 0.05$），意味着在任务复杂性下双方同时使用结果控制时具有替代效应，也即此时接包方结果控制对项目绩效的正向作用进一步降低，假设10获得支持。

这一假设关系可以通过图5-11来说明，其中显示了在高任务复杂性和低任务复杂性下，当发包方结果控制增加时，接包方结果控制的增加对项目绩效边际影响的变化。从图中可见，代表接包方结果控制边际作用变化的两条线的斜率有明显的差异。具体地，在低复杂性下随着发包方结果控制的增加，接包方结果控制对项目绩效的边际作用逐渐上升，而在高复杂性下发包方结果控制增加时，接包方结果控制对项目绩效的边际作用呈下降趋势。换句话说，随着任务复杂性的增加，发包方结果控制与接包方结果控制之间趋于互相替代的关系，对项目绩效的联合作用降低。

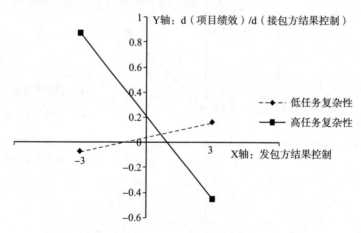

图5-11　任务复杂性下发包方结果控制和接包方结果控制的交互作用

5.4.3.2　关系亲密度下双方控制机制的交互作用检验

第五组假设探讨的是在关系亲密度的背景下双方所实施控制机制

之间的交互作用，从接包方的角度来看，也可视为是关系亲密度与发包方控制对接包方控制作用的"双重调节"影响。对于这组假设的实证检验结果显示在表 5 – 4 的模型 6 中。从模型 6 的回归结果来看，关系亲密度与"发包方过程控制 × 接包方过程控制"这一组合的三次交互项的回归系数为负向显著（$\beta = -0.220$，$p < 0.1$），意味着在亲密的合作关系中双方同时使用过程控制时具有替代效应，也即此时接包方过程控制对项目绩效的促进作用会被减缓，假设 11 获得支持。

通过图 5 – 12 可对这一关系有更清楚的说明，具体展现了在高关系亲密度和低关系亲密度下，当发包方过程控制增加时，接包方过程控制的增加对项目绩效边际影响的变化。从图中可见，代表接包方过程控制的边际作用变化的两条线的斜率明显不同。具体地，在低关系亲密度下和高关系亲密度下，随着发包方过程控制的增加，接包方过程控制对项目绩效的边际作用都是下降的，而在高关系亲密度下这种下降趋势更加明显（后者的关系线条斜率更大、更为陡峭）。换句话说，随着关系亲密度的增加，发包方过程控制与接包方过程控制之间趋于互相替代的关系，对项目绩效的联合作用降低。

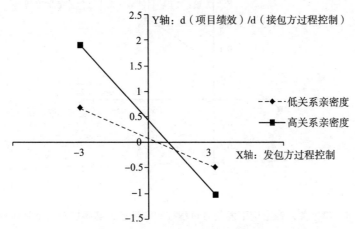

图 5 – 12　关系亲密度下发包方过程控制和接包方过程控制的交互作用

相反的，从模型 6 的回归结果来看，关系亲密度与"发包方过程控制 × 接包方结果控制"这一组合的三次交互项的回归系数为正向显著（$\beta = 0.246$，$p < 0.001$）。表示当双方关系越亲密时，发包方与接包方分别使用过程控制和结果控制会产生更强的协同作用，带来更好的项目绩效。也即此时接包方结果控制的正向作用进一步加强，这与假设 12 的推论相一致。

图 5 - 13 可对这一假设做出辅助性的阐释，展现在高关系亲密度和低关系亲密度下，当发包方过程控制增加时，接包方结果控制的增加对项目绩效边际影响的变化。从图中可以清晰地看到，两条线的斜率有明显的差异。具体来说，在低关系亲密度下随着发包方过程控制的增加，接包方结果控制对项目绩效的边际作用呈下降趋势，而在高关系亲密度下发包方过程控制增加时，接包方结果控制对项目绩效的边际作用是逐渐上升的。这意味着随着关系亲密度的增加，发包方过程控制与接包方结果控制之间趋于互相补充的关系，对项目绩效的联合作用增加。

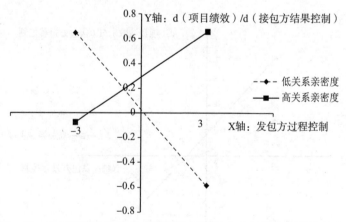

图 5 - 13　关系亲密度下发包方过程控制和接包方结果控制的交互作用

假设 13 认为当外包双方具有较高的关系亲密度而发包方使用结果控制时，会与接包方的过程控制产生互补效应，从而使后者的绩效提升作用进一步增强，但是这一假设未能得到支持。在表 5 - 4 的模型 6 中显示，关系亲密度与"发包方结果控制 × 接包方过程控制"这一组合的三次交互项的回归系数不显著（$\beta = -0.125$，$p > 0.1$），因此假设 13 不通过。

最后，假设 14 认为当外包双方具有较高的关系亲密度而发包方使用结果控制时，会与接包方的结果控制产生替代效应，即后者对项目绩效的促进作用会被减弱，但是这一假设也未能得到支持。从表 5 - 4 中模型 6 的结果可见，关系亲密度与"发包方结果控制 × 接包方结果控制"这一组合的三次交互项的回归系数不显著（$\beta = -0.062$，$p > 0.1$），因此假设 14 未能通过。

5.5　本 章 小 结

本章详细报告了实证分析的各项结果，其中，描述性统计分析表明所利用的 235 个我国接包方所承接的离岸服务外包项目的研究样本是适用于回归分析的。而多元的分层回归模型的分析结果表明，直接作用的 4 个假设均得到支持，任务复杂性和关系亲密度的调节作用假设各有 3 个得到支持，而任务复杂性下双方控制交互作用的 4 个假设也都得到了支持，关系亲密度下双方控制交互作用的 4 个假设有 2 个得到支持。具体的假设内容与通过情况在表 5 - 5 中进行了归纳总结。

表 5 – 5　　　　　　　　　　　研究假设的验证结果总结

假设	假设内容	结果
假设 1a	在离岸服务外包项目中，发包方的过程控制会提高项目绩效	支持
假设 1b	在离岸服务外包项目中，发包方的结果控制会提高项目绩效	支持
假设 2a	在离岸服务外包项目中，接包方的过程控制会提高项目绩效	支持
假设 2b	在离岸服务外包项目中，接包方的结果控制会提高项目绩效	支持
假设 3a	任务复杂性负向调节发包方过程控制对项目绩效的促进作用	支持
假设 3b	任务复杂性正向调节发包方结果控制对项目绩效的促进作用	支持
假设 4a	任务复杂性正向调节接包方过程控制对项目绩效的促进作用	支持
假设 4b	任务复杂性负向调节接包方结果控制对项目绩效的促进作用	不支持
假设 5a	关系亲密度正向调节发包方过程控制对项目绩效的促进作用	不支持
假设 5b	关系亲密度负向调节发包方结果控制对项目绩效的促进作用	支持
假设 6a	关系亲密度正向调节接包方过程控制对项目绩效的促进作用	支持
假设 6b	关系亲密度正向调节接包方结果控制对项目绩效的促进作用	支持
假设 7	当任务复杂性增加时，随着发包方过程控制的增加，接包方过程控制对项目绩效的促进作用会减弱	支持
假设 8	当任务复杂性增加时，随着发包方过程控制的增加，接包方结果控制对项目绩效的促进作用会增强	支持
假设 9	当任务复杂性增加时，随着发包方结果控制的增加，接包方过程控制对项目绩效的促进作用会增强	支持
假设 10	当任务复杂性增加时，随着发包方结果控制的增加，接包方结果控制对项目绩效的促进作用会减弱	支持
假设 11	当关系亲密度增加时，随着发包方过程控制的增加，接包方过程控制对项目绩效的促进作用会减弱	支持
假设 12	当关系亲密度增加时，随着发包方过程控制的增加，接包方结果控制对项目绩效的促进作用会增强	支持
假设 13	当关系亲密度增加时，随着发包方结果控制的增加，接包方过程控制对项目绩效的促进作用会增强	不支持
假设 14	当关系亲密度增加时，随着发包方结果控制的增加，接包方结果控制对项目绩效的促进作用会减弱	不支持

6

讨论与启示

本书主要探讨了在离岸服务外包项目中，接发包双方的控制机制对项目绩效的作用方式与效果，以及在具体任务情境和关系情境下所发生的变化和交互影响。结合委托代理理论、交易成本理论与信息处理理论的互补性视角，本书首先分析了发包方控制（分为过程与结果控制）与接包方控制（也分为过程与结果控制）对项目绩效的直接作用，进一步地，分析了上述四种控制机制在不同任务复杂性和关系亲密度水平下对项目绩效的权变作用，以及在两种项目情境下双方控制组合对项目绩效的权变作用。在现有文献述评和实地访谈的基础上，本书提出了概念模型以及相关的 20 个研究假设，并通过对发包到中国的离岸服务外包项目进行调研，共获得 235 个有效样本。在这 235 个样本数据的基础上进行统计分析与实证检验，共有 16 个假设获得支持，4 个假设未通过，总体上验证了本书所提概念模型的合理性。本章将进一步分析前文所得到的实证检验结果，并提炼出本书的理论与实践意义。

6.1 对假设检验结果的讨论

6.1.1 发包方与接包方控制对项目绩效的直接作用

假设 1a/b 和假设 2a/b 分别讨论了发包方控制和接包方控制对离岸服务外包项目绩效的直接促进作用。从回归分析结果来看，这四个假设都得到了实证检验的支持，从而表明双方控制是实现外包项目绩效的重要驱动因素。这样的发现一方面是对过去研究中关于发包方控制对外包绩效是否具有显著正向影响的不一致结论的一个验证性检验，说明在中国情境下发包方的过程控制和结果控制都能有效促进项目绩效，这与蒂瓦纳（2008）[141] 和刘汕（2015）[83] 等人的研究结论基本一致；另一方面本书也是对现有文献中缺乏探讨接包方控制如何影响项目绩效的不足之处的一个补充。

与戈帕尔和戈桑（2010）[65] 在印度情境下对接包方控制的研究的发现相似，在中国情境下接包方所施加的过程控制和结果控制都是提高项目绩效的有效工具。这说明仅从客户角度来研究离岸服务外包项目中的控制问题是不全面的，也需要考虑到项目承接方实施的控制机制所发挥的角色，从而深化和拓展对外包控制问题的理解[78]。当接包方通过过程控制来规范项目团队完成任务的方法步骤和工作流程，或者使用结果控制来设定期望结果中的考核标准时，外包项目在成本、效率、准确性、满足功能要求等方面的表现会得到相应的改善。因此，实施必要的控制机制不应该被我国的外包项目承接方所忽视。

6.1.2 任务复杂性下双方控制对项目绩效的权变作用

除了直接效应，本书也对发包方和接包方控制在不同任务和关系情境下的权变作用进行了检验。其中，假设 3a 和假设 3b 描述了任务复杂性对发包方两种控制机制与项目绩效之间关系的调节作用。两个假设都得到实证支持，表明随着任务复杂性的增加，发包方的过程控制与结果控制对外包项目绩效的正面影响将分别得到削弱与增强。从另一个角度来讲，这也说明发包方的两种控制在应对任务复杂性所带来的项目管理挑战时的效用是不一样的。

由于任务复杂性体现在任务元素间相互关系模糊，完成任务所需的过程、方法或步骤不够明确，投入—产出的转化具有不确定性等方面，发包方不一定具备足够的专业基础与学习条件来指导接包方项目团队的探索性活动，并且与接包方之间的地理、时区、语言、文化等方面的距离带来沟通与反馈效率的阻碍，因此发包方使用过程控制来克服任务复杂性是有困难的[134,152]；而结果控制并不需要发包方与接包方项目团队之间持续而频繁的沟通或者互动，能够给接包方项目团队较大程度的自由裁决权，并使发包方通过对最终结果的把控来转嫁其交易风险，因此能够更好地应对任务复杂性所带来的不确定性，获得更好的外包收益。在过去的外包文献中，主要是从发包方的角度探讨如何针对不同的项目特征（包括任务特征）来选择适合的控制机制，并认为任务复杂（如标准化低、可编码性低或投入—产出过程不清晰）时应该选择结果控制而减少过程参与度[152,153]。本书将任务复杂性视为一个情境变量，通过检验它对发包方控制有效性的调节影响，实际上从发包方结果控制与任务复杂性更匹配的角度，进一步验证和深化了现有文献中的研究结论。

接下来，假设 4a 和假设 4b 讨论的是任务复杂性对接包方两种控制机制与项目绩效之间关系的调节作用。只有假设4a，也即"任务复杂性正向调节接包方过程控制对项目绩效的促进作用"的推论通过了实证检验。虽然描述的都是任务复杂性对过程控制的直接作用的调节影响，但假设4a与假设3a的结果相反，说明接包方过程控制的应用范围、权利结构和作用方式与发包方过程控制有所区别，因而受任务复杂性的影响也不同。由于接包方过程控制能对项目进行持续的现场监督与检查，并能在企业内部有效调配资源、分配职责和建立知识共享规范，有助于更快检测出过程中潜在的错误或偏差，并促成不同任务执行者之间的有效协调、配合与共同探索，因此能够更好地应对任务复杂性所带来的不确定性与风险。换句话说，接包方过程控制的积极作用在任务复杂性下更为凸显。

值得注意的是，假设4b没有得到数据支持，意味着接包方结果控制对项目绩效的正向作用不会受到任务复杂性的显著影响。也就是说，接包方结果控制所起的作用在高复杂性和低复杂性的项目中并没有太大的区别。本假设原先的推论是，任务复杂性使明确与合理的目标设定变得困难，并且在复杂性项目中容易产生的参与者、行动情况与任务安排等方面的变动也给接包方的目标考核带来了适应性挑战，因此任务复杂性的增加会削弱接包方结果控制对项目绩效的促进作用。然而，实证结果表明，任务复杂性所带来的调节影响是中性的。一个可能的解释是，只要接包方对结果目标考核标准与激励措施进行及时调整，仍然可以使其结果控制在高复杂性的项目中发挥正常的效用，继续有利于项目绩效而不被明显削弱。

6.1.3　关系亲密度下双方控制对项目绩效的权变作用

在考虑项目的关系情境时，假设5a和假设5b分别探讨了发包方与接包方之间关系亲密度对发包方两种控制机制的绩效提升作用的调节影响。只有假设5b，即"关系亲密度负向调节发包方结果控制对项目绩效的促进作用"这一推论通过了实证检验。而假设5a没有得到实证检验的支持，意味着发包方过程控制的绩效提升作用受双方关系亲密度的影响不大，并不会像预想的那样随着关系亲密度的增加而放大。

对于这一结果，里杰斯德克和范登恩德（Rijsdijk & Van den Ende，2011）[86]的观点提供了一个可能的解释。他们认为发包方使用过程控制和努力建立亲密的企业间关系一样，都是比较倚重于交流强度并具有信息处理特征的，因此二者的同时存在可能只是一种冗余，并不能发挥出更大的效用，即关系亲密度对发包方过程控制与项目绩效之间关系的调节影响不显著。事实上，亲密的双边关系具有关系治理的特征与功能，发包方过程控制则是正式治理的一种，而关于企业间关系控制与正式控制之间到底是互补还是替代关系在学术界一直具有争议：既有学者认为企业间的良好关系是交易的润滑剂，可以促进双方的互信与合作，并保证正式控制（如契约）的有效实施，因而是互补的关系[123,147]；也有学者认为企业间的良好关系具有很好的规范合作和抑制机会主义倾向的作用，减少了采用正式控制的必要性，因此是替代的关系[85]。虽然本书将关系因素主要视为一种项目背景而非是控制机制，但关系亲密度仍然反映了以往文献中用来衡量关系控制的信任、信息共享、相互适应等方面。因此，假设5a和假设5b所探讨的调节作用实际上也是对上述争议性研究的一种延续与拓展，并且更为细致地考虑了企业间关系情境与不同类型的正式控制之间的关系。假设5b通过，而假设5a未通过的结果部分支持了替代的观点，表明外包双方间亲密的关系将会降低发包方单方面结果控制的必要性或可行性，进而削弱其对项目绩效的促进作用。

相对应的，假设6a和假设6b认为关系亲密度会同时正向调节接包方两种控制机制对项目绩效的促进作用，并且这两个假设都得到了数据支持，意味着当双边关系越亲密时，接包方过程控制和结果控制都能对外包项目绩效发挥更大的效用。这说明关系亲密度代表了项目运行时的一种良好的合作氛围，不仅会影响企业间控制的有效性，还会进一步地影响企业内控制的有效性。由于企业间关系亲密度会带来更好的沟通效率、知识整合与互惠意愿，接包方过程控制的合理性、适应性和执行质量都将得到强化，而接包方结果控制的资源分配导向、考核参数设定与激励性效果也将得到优化与加强，从而带来更好的外包项目绩效。

6.1.4 任务复杂性下双方控制组合对项目绩效的权变作用

由于发包方和接包方可以分别同时实施各自的控制机制，因此可能形成四种不同的控制组合，共同作用于项目绩效。在单独考虑任务情境和关系情境对各个控制机制的作用的调节影响之外，本书也检验了在两种情境下双方不同控制组合对项目绩效的权变作用。

其中，假设7到假设10讨论的是任务复杂性下双方控制之间的交互作用，并且四个假设全部获得了实证检验的支持。这组假设的结果刚好形成了以下两种范式：第一，在面对较强的任务复杂性时，如果外包双方采用相同的控制机制，形成"发包方过程控制—接包方过程控制"（假设7）或"发包方结果控制—接包方结果控制"（假设10）的组合时，来自不同施控方的控制机制之间将会具有替代的效应，即互相削弱彼此的项目绩效提升作用；第二，在面对较强的任务复杂性时，如果外包双方采用不同的控制机制，形成"发包方过程控制—接包方结果控制"（假设8）或"发包方结果控制—接包方过程控制"（假设9）的组合时，来自不同施控方的控制机制之间将会具有互补的效应，即互相促进彼此的项目绩效提升作用。

这样的结果说明，在应对不断攀升的任务复杂性所带来的挑战时，外包双方同时使用不同的控制机制时能够互相协同，放大彼此的优点或弥补彼此的不足，从而对项目绩效产生更大的促进作用。其中，发包方过程控制能够弥补接包方结果控制柔性不足的缺点，使得接包方能及时根据需求或环境的变动来对结果目标与考核标准做出必要的调整与改进，从而使其结果控制更为有效[65]；反过来，接包方结果控制也能够为发包方过程控制添加激励效应，敦促项目团队为了预定目标的达成，努力满足发包方所要求的任务完成规则、方法和步骤，并积极采取所需的探索和学习活动[89]。同时，发包方结果控制为接包方过程控制指定了合适的方向，使其在复杂项目中更加有的放矢地寻求客户规定的关键结果的实现途径；反过来，接包方过程控制能够确保项目团队内部的资源与职责分配，为复杂情况下发包方结果控制的实现提供了保障。

相对应的，在任务较为复杂的情况下外包双方不适宜采用相同的控制机制，因为这可能意味着对某些方面控制权的争夺，容易引起矛盾冲突或放大彼此控制的缺点，反而对项目绩效不利。由于发包方与接包方之间存在知识领域和经验范围的差异，并且有着各自的目标追求与利益考量，因此在任务复杂的情况下双方很容易对项目的完成方法、达成状态或最终指标产生不同的认识和/或偏好分歧[64]。而在此基础上的双重过程控制会太过限制项目团队成员的自主权，双重结果控制则会给项目团队成员带来更大的心理压力，这两样都将降低项目团队的生产力和创造力。

总的来说，假设7到假设10的这组假设反映出"发包方过程控制—接包方过程控制"或"发包方结果控制—接包方结果控制"的双方控制组合方式与复杂的任务情境不匹配，应当予以避免，而"发包方过程控制—接包方结果控制"或"发包方结果控制—接包方过程控制"的双方控制组合方式与复杂的任务情境相匹配，应该予以采纳。

6.1.5　关系亲密度下双方控制组合对项目绩效的权变作用

假设 11 到假设 14 讨论的是关系亲密度下双方控制之间的交互作用，四个假设中只有前两个获得了实证支持，后两个则没有通过。也就是说，当外包双方具有较强的关系亲密度时，发包方过程控制与接包方过程控制之间将产生替代效应，不会给外包项目绩效带来更大的效用（假设 11），而发包方过程控制与接包方结果控制能够互相补充与促进，从而在更大程度上提升项目绩效（假设 12）。

尽管亲密的双边关系使得发包方与接包方对如何完成项目的认知与偏好差异变小，各自过程控制的手段与要求倾向于一致而增加了兼容性，但此时发包方对项目团队的工作流程与项目具体进展进行严密的监督与指挥极有可能释放出一种对接包方的过程控制不放心、不信任的信号[309]，容易引起接包方的抵触与反感，使得后者的过程控制投入相应减少，从而形成一种挤出效应。换句话说，"发包方过程控制—接包方过程控制"这一组合方式在双边关系亲密的情况下并不适用。相反的，如果此时接包方放弃过程控制，代之以为项目团队设立结果标杆与考核标准而进行结果控制，即形成"发包方过程控制—接包方结果控制"的组合则可能使项目团队的活动更具有目标导向性，增加其效率成本意识与责任可追究性，从而弥补此情境下发包方过程控制的不足，进而产生一种协同效应并对最终的项目绩效有利。

值得注意的是，假设 13 没有得到实证支持，表明当外包双方的关系较为亲密时，发包方结果控制与接包方过程控制之间并无明显的交互作用，"发包方结果控制—接包方过程控制"这一组合的效果不显著。造成这一结果的原因可能有两个：首先，在亲密的关系情境下，发包方事先制定的任务完成标杆不一定是十分清晰而细致的，有可能出于对合作灵活性的考虑而只是给出大致的目标方向与范畴，并且保留一定的调整余地，因而不能给接包方的过程控制带来更多的节点安排与资源优化参考。其次，亲密关系下双方频繁而深入的非正式交流与互动本身就有助于接包方获悉发包方的需求偏好与结果期待，并使得接包方能够在过程控制中自发地呼应上述偏好与期待，而不一定是在更显性的、成文的正式结果控制的约束下被激发的行为。在这种情况下，发包方结果控制是否与接包方过程控制同时实施可能并不会带来显著的互补性效果差异。

类似的，假设 14 也没有得到实证支持，表明当外包双方的关系较为亲密时，发包方结果控制与接包方结果控制之间同样没有明显的交互作用，"发包方结果控制—接包方结果控制"这一组合的效果不显著。这可能是因为，结果控制本身的执行成本没有那么高，并且由于发包方与接包方之间关系较为亲密和谐，对结果目标的设定重合度较大，一方使用结果控制而另一方也同时实施结果控制并不会引起太多额外的成本支出或者矛盾冲突。因而双方结果控制的共存互不干扰，作用中性，没有显著的彼此促进或者说制约的效果。

总体而言，假设 11 到假设 14 的这组假设反映出"发包方过程控制—接包方结果控制"这一组合是唯一与亲密的关系情境相匹配的双方控制组合方式，而其他三种双方控制组合则不是。

6.1.6 其他的相关发现

除研究假设之外，本书的实证分析（反映在表 5-4 中的模型 2 中）还发现了与控制变量相关的其他一些有意义的结论。

6.1.6.1 项目层面因素的影响

在项目层面的控制变量中，项目年限与团队规模对项目绩效有显著的直接影响。与西亚等（Sia et al.，2008）[24] 的发现类似，本书的实证结果显示，中国接包方所承接离岸服务外包项目的年限越长，对项目绩效的影响越不利；至于项目的规模大小，对项目绩效的影响倒不大。而与纳拉亚南等（2011）[9]、戈帕尔和戈桑（2010）[65]等研究一致，本书发现在中国情境下，更大型的项目团队规模会带来更好的离岸服务外包项目绩效。

这对我国接包方来说，尤其是那些缺乏行业经验或者实力尚不够强大的企业而言，意味着应该多承接短期项目，或者将长期项目分时段切割为子项目来实施与交付，以便降低风险。而对项目规模来说，接包方不必有过多的考虑，无论合同金额的大小，都应该投入必要的资源与能力来努力实现项目绩效。同时，接包方需要维持必要的项目团队规模，不可因追求业务量而将人员分配过于分散，以免因为项目团队太小而难以动用足够的资源和能力来满足项目需求。

6.1.6.2 企业和企业间层面因素的影响

在企业层面和企业间层面的控制变量中，文化距离的作用比较明显。与前人研究相类似[48]，本书发现在中国情境下，接包方与发包方之间的文化距离越大，对项目绩效的负面影响越大。这对中国接包方来说，尤其是那些缺乏行业经验或者实力尚不够强大的企业而言，在经营初期应努力争取文化特征更为接近的国家和地区的客户，其项目风险性更小，并且可以帮助接包方积累经验获得成长。

同时，本书的实证结果显示，在中国情境下，接包方的企业年限以及接包方与发包方的先前合作经历对项目绩效的影响并不明显。一个可能的原因是，我国的离岸服务外包产业尚处于新兴期，接包方企业整体上都比较年轻，与国际客户的合作经历总体上也比较短[5]，因此企业年限与合作历史这样的企业层次的特征差异尚不足以造成项目绩效上的明显差异。对中国接包方而言，这样的结果也具有积极意义，意味着在承接离岸服务外包项目时不必有公司资历方面的顾虑，重点是要做好项目层面的管理，并且应该持有开放态度，不断拓展自身的客户资源并对新老客户的外包业务同等对待。

6.2 本书的理论意义

（1）与以往研究相比，本书的理论贡献主要体现在以下四个方面。

本书探讨了离岸服务外包情境下的双重代理（Two-echelon Agency）问题及其应对方式，通过辨析发包方与接包方分别从委托方的角色出发而采取的控制机制的作用机理，丰富了委托代理理论的应用层次与结论认知。

委托代理理论常应用于企业内或企业间的二元委托代理关系中，主要讨论委托方如何通过基于行为或结果的控制机制来促使代理方（可以是个人、团队或企业整体）遵循委托方的利益目标而行事[258,262]。与单纯的企业内活动不同的是，服务外包项目会涉及两个组织界面所代表的双重委托代理关系，一是介于发包方与接包方组织之间的，二是介于接包方内部的管理者与项目团队之间的[65]。

但是，现有的外包文献多以发包方视角为中心，往往只关注了前一层的委托—代理关系，极少延伸和注意到后一层委托—代理关系，因而主要探讨了发包方控制机制的选择和效果问题而较少讨论到接包方控制机制给外包绩效所带来的影响。尽管一些研究者认识到了外包项目中双重委托—代理关系的存在，但并未在实际的理论探讨或实证检验中做出明确区分，仍然只是笼统地将接包方企业整体视为外包项目中的代理方与受控者[142,152]。

因此，本书将外包控制问题的研究扩展到双边视角下，更明确地指出了离岸服务外包项目中双重代理问题的存在，并以此作为发包方与接包方各自施加项目控制的出发点，分析和验证了外包双方不同类型的控制机制对项目绩效的促进作用及其影响机理。由此可见，离岸服务外包项目中的委托—代理关系与控制结构是三元而不是二元的，忽视接包方同时具有的委托方角色及其控制机制的作用，将使得对外包项目绩效驱动因素的分析有所缺失。本书的分析框架对处理其他类似情境中（例如牵涉到不同利益相关者的临时性组织中）的双重代理问题也将具有重要的参考意义。

（2）本书通过结合三个不同的理论视角，即委托代理理论、交易成本理论和信息处理理论，对外包控制在监督激励与促进信息处理等多方面的角色有了更深入而全面的认识。

在以往关于外包控制的研究中，由于受到发包方中心论的局限，更多地依赖于委托代理理论与交易成本理论，从经济学的角度强调了发包方的控制机制在统一双方行为动机、抑制接包方机会主义、降低代理成本和交易成本方面的作用，从而给项目绩效带来正向影响[62,139,148,149]。少数研究从信息处理理论的视角出发，探讨了外包控制如何通过保障项目团队的信息处理能力，使其能够满足由任务环境与关系环境所带来的信息处理需求从而有效促进项目绩效的实现[11,80]。

尽管现有文献从不同的理论视角对外包控制所进行的分析与解释为我们提供了丰富而有价值的研究结论与实践参考，但由于每个理论都只能认识外包项目中控制现象的某一个侧面，因而各自显得有些片面而不完整。在此基础上，本书通过结合上述三种理论的基本假设与相关推论，在讨论外包项目中的管理控制时，不仅包含了传统研究中所重点强调的监督与激励的作用，也关注了容易被忽视的控制机制对不同利益相关者之间信息交换、传递和处理的促进作用。这样的分析显示出外包控制的作用的多面性，也表明成功的外包控制不仅要抑制主观上的机会主义倾向所带来的威胁，也需要减少客观上的信息传输不畅所带来的协调性难题。因此，本书的整合性视角不仅响应了学者们近来关于运用信息处理理论来分析组织管理中的控制现象的呼吁[290]，也为更全面地了解外包项目中控制机制的不同功能与作用提供了有益的理论参考与继续深入探究的方向。

（3）本书基于上述三种理论视角的结合，通过文献总结与实地访谈，识别出外包项目中两类最关键的情境因素——任务复杂性和关系亲密度，并分析了发包方控制和接包方控制对项目绩效的作用在不同情境下的差异性变化，从而丰富了对双方控制机制有效性的边界条件的理论探讨。

实证分析发现，在任务复杂性更高的外包项目中，发包方过程控制的绩效提升作用会变弱，而发包方结果控制和接包方过程控制的作用则显得更强，但接包方结果控制的作用并没有明显变化；同时，在双边关系亲密度更高的外包项目中，发包方结果控制对项目绩效的促进作用会变弱，而接包方的过程和结果控制的作用都将得到加强，只有发包方过程控制的作用没有明显变化。因此，尽管发包方与接包方在实施同类控制机制（过程控制或结果控制）时所依据的原理类似，方法相近，但由于接包方控制的应用范围、权利结构和作用方式与发包方控制有所区别，从总体上来讲前者会在不同的任务情境和关系情境中呈现出更强的适应性与权变作用。

这样的结论意味着仅仅关注发包方对项目施加的控制而忽略接包方在项目中的控制努力将难以提供一个完整而有效的视角，从而有力地呼应了《国际管理期刊》（*Journal of International Management*）所提出的更多聚焦于接包方以便得出更加丰富与有用的见解的建议[323]，并且补充了现有外包文献中对接包方关注的不足。此外，鉴于以往研究中关于发包方控制能否有效提升项目绩效具有不一致的结论，本书对控制机制的情境依赖性的探索也有利于解释与调和上述分歧，因为结论差异可能来源于研究情境的不同；并且，本书分别考虑任务复杂性与关系亲密度的调节作用，进一步丰富了关于发包方控制的权变因素与边界条件的知识。

（4）除了分别检验各类控制机制的直接作用与权变作用以外，本书系统地探讨了发包方与接包方控制所形成的不同组合在两种项目情境下的联合作用，从而延伸与发展了现有的外包控制研究领域。

许多学者都曾强调研究控制组合的必要性[86,87,146]，因为不同控制机制的同时使用在管理实践中非常普遍，并且不同的控制机制之间可能互相加强、取代或者削弱，从而对绩效或其他结果变量呈现出的是混合（Mixed）或平衡后的作用效果。因此打开黑箱，弄清楚各类组合中的不同控制机制如何交互并共同发挥效用具有十分重要的理论价值。在外包文献中，也有部分研究试图探索各类控制的交互作用，但主要集中在发包方的正式与非正式控制之间（Poppo & Zenger, 2002[147]；Tiwana & Keil, 2010[63]；Stouthuysen et al., 2012[143]；Handley & Angst, 2015[163]）。由于对接包方控制的关注普遍缺失，现有研究较少涉及对发包方控制与接包方控制之间交互作用的全面而细致的检验（仅有 Liu & Aron, 2015[77]一篇文章）。因而难以解释在实际的外包项目中，由双方控制所形成的特定组合是如何共同作用于项目绩效的。这也正是格雷戈里等（2013）[88]、乔伊和波奥纳马莱埃（Joy & Poonamallee, 2014）[89]等学者所注意到的研究缺陷以及提倡进一步探究的问题。

为了填补上述研究空白，本书通过研究在不同的项目情境下，发包方控制与接包方控制之间的交互作用，识别出了能与特定项目情境相匹配的双方控制组合方式：当面对较强的任务复杂性时，"发包方过程控制—接包方结果控制"或"发包方结果控制—接包方过程控制"的组合都具有更强的共同作用，而发包方与接包方同时使用过程控制或结果控制时会产生替代效应，不能带来更好的项目绩效；当外包双方具有较强的关系亲密度时，只有一个最适宜的"发包方过程控制—接包方结果控制"组合，因为"发包方过程控制—接包方过程控制"的组合会产生替代效应，而发包方结果控制与接包方的两类控制机制之间没有明显的交互作用。这样的结论对外包项目中不同来源的管理控制的联合作用有了更全面和细致的考察，同时也是对蒂瓦纳和凯尔（2010）[63]与刘英和阿伦（2015）[77]等只考虑发包方控制，或者未充分考虑外包项目情境的控制组合研究的改进与补充。

6.3 本书的实践意义

近年来，全球离岸服务外包交易规模一直保持着不错的增长态势，也为中国从倚赖制造业到发展"中国服务"再上台阶、走向世界提供了宝贵机遇。但同时需要注意的是，离岸服务外包的总体绩效表现却并不理想，每年都有不少的失败案例见诸报端。而外包服务的知识与创新要求升级、越来越多的定制化需求使得外包任务的复杂性也相应提升，需要发包方与接包方之间建立更紧密与协调的合作关系，为预期外包绩效的实现带来了更大的挑战。而本书的相关探索与发现，将为外包双方的管理者如何采取有针对性的措施提供相应的建议。

6.3.1 对接包方的实践意义

第一，接包方管理者执行离岸服务外包项目时，应该重视对项目的控制管理并针对项目的任务特点而选择合适的控制机制。

在服务外包领域基于接包方视角的现有研究中，主要从资源和能力方面强调了接包方要素对项目绩效的正面影响，而本书研究显示出接包方的过程控制与结果控制同样是提高项目绩效的有力工具，不应该被接包方管理者所忽视。例如，即使像 IBM 这种拥有丰富经验、强大资源与先进能力的知名 IT 外包服务提供商，在近年中也发生了因为对所承接项目缺乏必要的合理控制而造成业务失败并被客户解约的案例[324]。尤其是，当任务复杂性比较高时，意味着项目具有非标准化、不确定性高、完成难度大等特点，接包方可以通过施加过程控制来有效调配资源，分配职责，为团队成员之间的协调配合、知识交流与探索性活动提供保障，从而有助于克服任务复杂性所带来的挑战与风险。本书的实证部分也验证了，在高任务复杂性下，接包方过程控制对项目绩效的促进作用更大，此时接包方使用结果控制则显得收效甚微。

因此，单纯从接包方的角度来讲，在主导对项目的控制管理时，接包方管理者应该对任务比较复杂的项目施加过程控制，对整个项目的完成程序、步骤与方法进行监督与把关，及时查错与纠偏，否则可能受到由任务复杂性所带来的负面影响并难以达成满意的项目绩效。对相对简单和标准化的项目，接包方管理者可以主要采取结果控制，从而节约相关的管理资源与成本并实现预期项目绩效。

第二，接包方管理者应该积极争取与发包方建立亲密的合作关系，以便实现更好的项目控制效果。

亲密的双边关系意味着发包方与接包方之间更愿意分享一些私密信息，互相努力适应与调整，并对彼此有互惠的期待和长期合作的愿景，这些都有利于项目执行中的企业间知识传递、业务整合与柔性运营，因此在以往的外包研究中也常被视为是项目绩效的重要驱动因素，但同时也可能由于认知同质化与信息冗余性等弊端给绩效带来不良影响。而本书研究发现，外包双方关系亲密度的增加有助于接包方优化改进实施任务的方法与流程，并且更好地指导目标设定与资源分配，从而能够放大接包方的两种控制机制的绩效提升作用。

因此，本书建议接包方应该在与发包方的关系建设方面进行相关的投入，比如增加公司互访，让双方人员多一些非正式交往，拓宽非正式沟通渠道等等，从而促使双方的合作关系更加紧密。尤其对我国的接包方来说，在国际合作经验不是非常丰富时，应注意与客户之间可能存在的文化差异并尊重对方的社会价值观，努力通过文化融合来与客户建立共同的组织价值观与行为规范，使得双方间具有更高的相互信任与互惠意愿。这样有助于打消发包方的疑虑，让其放心地将项目管理的自主权交给接包方管理者，并在需要的方面给予支持与帮助。

第三，当发包方也有较多地参与到项目中并实施正式的控制机制时，接包方管理者应该考虑到发包方控制所可能带来的影响，并设法配置或调整自身的控制机制，以便与发包方控制产生较好的协同作用而非彼此掣肘，从而在不同的项目情境下实现最优绩效。

本书研究发现，当任务复杂性较高时，发包方与接包方采用同类的控制机制可能会引起矛盾冲突并给项目团队带来过多的限制或心理压力，从而很难达到"1 + 1 > 2"的效果，应该予以避免而分别侧重于使用不同的控制机制。也就是说，如果发包方倾向于全力控制项目的具体实施过程，接包方则应该采取额外的结果控制而不要试图同时干预项目流程；而如果发包方倾向于对项目的产出结果进行控制，接包方则应该同时注重对项目进展过程的把控而不要再施加额外的结果控制。遵循这样的组合范式有助于双方放大彼此控制机制的优点或弥补彼此的不足，以便在任务复杂的情况下有更好的项目绩效。此外，当接包方与客户之间具有较高的关系亲密度时，如果发包方选择亲自控制项目流程，接包方管理者也应该尽量避免同时使用过程控制，但是可以辅助性地施以结果控制，从而创造出双方各司其职、良好共存的局面，并最终实现更好的项目绩效。

6.3.2 对发包方的实践意义

第一，发包方管理者在直接主导外包项目的控制管理时应该注意因地制宜，根据不同的项目任务情境和关系情境选择适用的控制机制。

当项目所涉及的任务较为复杂时，投入—产出的转化具有不确定性并缺乏标准化的流程和可参考的知识体系。对发包方管理者来说，此时实施过程控制来管理项目将面临很大的挑战，尤其是发包方与接包方之间存在着的地理、时区、语言、文化等方面的距离给快速反馈与有效协调带来较多的困难，而结果控制不需要发包方与项目团队之间持续而频繁的沟通或者互动，实施起来更为容易。本书的实证检验也显示，任务复杂性的增加使得发包方过程控制对项目绩效的促进作用减弱，而发包方结果控制对项目绩效的促进作用增强。因此，在管理任务复杂性较高的项目时，发包方应该主要倚赖于结果控制，通过树立结果标杆与考核要求来促使项目团队自行灵活应对复杂情况并为达成预定目标而努力。

随着与接包方之间的关系亲密度的增加，发包方结果控制对项目绩效的促进作用逐渐减弱，发包方过程控制的绩效提升作用则没有明显变化。因此，当发包方与接包方建立了亲密的双边关系时，发包方管理者不需要实施正式控制（尤其是避免采取结果控制）去硬性地支配接包方及其项目团队，而是可以给予后者更多的信任与支持，使其珍视良好关系所带来的合作规范并自觉减少机会主义行为，并且发包方也可以通过与接包方之间的信息共享、互相适应与调整等非正式机制去灵活地影响项目的进程与结果，最终实现项目绩效。

第二，发包方管理者应该正视接包方控制对提高项目绩效的重要作用，并且创造必要的条件支持其控制机制的实施。

在服务外包实践中，尤其是在离岸情境下，发包方管理者往往倾向于加强自身对项目的实际控制而减少来自接包方的机会主义威胁，因此，接包方管理者对项目的实际控制权其实是有限的[38,149]。本书研究验证了接包方的两种控制机制对项目绩效的有效促进作用，即使面对着任务复杂性所带来的困难，接包方选择合适的控制机制仍能提高项目绩效，并且双方之间的关系亲密度还可以使接包方的两种控制机制对项目绩效的促进作用都得到增强。

因此，在面临任务复杂性的挑战时，发包方管理者应该赋予接包方更多的自主权，让其管理者自行决定完成任务的方式和加强内部监督与管理，而不是过多消耗自身的时间精力去试图严格控制接包方项目团队的行动。一旦发包方管理者带来太多的过程性规则与命令，不给接包方管理者足够的自主权去控制项目并灵活应对项目不确定性，其自身利益最终也可能受到损失。此时发包方管理者可以辅助性地施加一些结果控制，使得接包方的努力更加有的放矢，如果接包方管理者缺少相应的能力与条件去有效控制复杂项目的执行过程与进展，发包方管理者直接领导项目团队并亲自把控项目执行的过程、方法与步骤才显得必要。

类似的，当发包方与接包方之间具有亲密的双边关系时，发包方也没有必要对项目的执行做过多的直接干涉与控制，而应该对接包方的项目控制与管理给予充分的信任与支持，并通过协商与互相调整来解决问题，只有在接包方管理者的过程控制或者结果控制的手段有所缺陷或者缺失时，发包方管理者才需要有一些补充性的控制措施。

7

结论与展望

7.1 主要研究结论

本书在委托代理理论、交易成本理论和信息处理理论的基础上，构建了关于发包方和接包方各自的过程控制与结果控制、任务复杂性、关系亲密度与离岸服务外包项目绩效的理论模型，并具体探讨了：（1）接发包双方控制机制对项目绩效的直接作用；（2）上述直接效应在不同任务情境和关系情境下的变化；（3）在不同情境下接发包双方控制机制的交互作用。采用问卷调查的方法，共收集了由中国接包方所承接的235个离岸服务外包项目的样本，并通过统计分析检验了所提的理论模型和相关假设，其中绝大部分假设都获得了支持。所得的主要研究结论归纳如下：

（1）发包方与接包方所分别实施的过程控制和结果控制都能直接促进离岸服务外包项目绩效的提升。

（2）外包项目的任务复杂性对接发包双方控制机制与项目绩效之

间的关系有不同的调节作用。具体地，任务复杂性正向调节发包方结果控制与接包方过程控制对项目绩效的促进作用，负向调节发包方过程控制对项目绩效的正面影响，但是对接包方结果控制的绩效提升作用没有显著的调节影响。

（3）外包双方的关系亲密度对接发包双方控制机制与项目绩效之间的关系有不同的调节作用。具体来说，关系亲密度正向调节接包方的过程控制和结果控制对项目绩效的提升作用，负向调节发包方结果控制对项目绩效的促进作用，但是对发包方过程控制的绩效提升作用没有显著的调节影响。

（4）在任务复杂的情境下，双方控制所形成的不同组合会呈现出不同的作用效果。具体来看，当任务复杂性增加时，随着发包方过程控制的增加，接包方结果控制对项目绩效的促进作用会增强，而接包方过程控制对项目绩效的促进作用会减弱；当任务复杂性增加时，随着发包方结果控制的增加，接包方过程控制对项目绩效的促进作用会增强，而接包方结果控制对项目绩效的促进作用会减弱。换句话说，"发包方过程控制—接包方结果控制"与"发包方结果控制—接包方过程控制"这两类组合会产生互补效果从而与复杂的任务情境相匹配，而"发包方过程控制—接包方过程控制"与"发包方结果控制—接包方结果控制"这两类组合会产生替代效应，因此与复杂的任务情境不匹配。

（5）在关系亲密的情境下，双方控制所形成的不同组合会呈现出不同的作用效果。具体来说，当双方之间的关系亲密度增加时，随着发包方过程控制的增加，接包方结果控制对项目绩效的促进作用会增强，而接包方过程控制对项目绩效的促进作用会减弱。另外，此时发包方结果控制与接包方两类控制的组合并不会产生显著的交互效应。也就是说，"发包方过程控制—接包方结果控制"的组合方式会产生互补效应而与亲密的关系情境相匹配，而"发包方过程控制—接包方过程控制"的组合方式会产生替代效应而与亲密情境不匹配,"发包方结果控制—接包方过程控制"与"发包方结果控制—接包方结果控制"这两类组合则无显著影响。

7.2　本书研究的创新点

与前人的相关研究相比,本书研究的创新性工作主要体现在以下三个方面:

(1)本书基于委托代理理论,识别了离岸服务外包项目中的双重委托—代理关系,并由此区分了发包方与接包方分别对项目所实施的控制机制的角色与作用,最终发现双方各自的过程控制与结果控制都能有效提升项目绩效。

在现有文献中,关于外包控制的研究多以发包方视角为中心,重点探讨其控制机制的决定因素,并有少量研究检验了发包方控制对项目绩效的作用效果,但是结论并不统一:有研究认为发包方所施加的不同控制机制对外包项目绩效具有正向促进作用[66,76],也有研究发现发包方的过程和结果控制并不能有效提高外包项目的绩效表现[62]。同时,作为外包项目承接者的接包方在既有研究中并未受到重视,其对外包项目所主动施加的控制尚未被深入地探讨,只有少数几篇文章(如 Gopal & Gosain,2010[65];Langer et al.,2014[79])检验了接包方控制对外包绩效的作用,并且极少考虑到接包方控制与发包方控制之间的区别与联系。

与现有研究相比,本书将以发包方企业作为研究主体的单边视角扩展为发包方和接包方企业的双边视角,为离岸服务外包项目中的控制问题补充了新的研究视角。通过对中国企业所承接的海外客户的外包项目进行调查,验证了发包方与接包方不同类型的控制机制对项目绩效的促进作用，此结论不仅有助于解释关于发包方控制作用效果的争论，也弥补了现有研究中对接包方控制关注不足的缺陷。

（2）本书从离岸服务外包项目的情境特点出发，基于交易成本理论与信息处理理论的观点，识别和分析了两个影响外包双方控制效果的重要权变因素：任务复杂性和关系亲密度，并发现了它们对发包方控制与接包方控制有效性的差异化调节影响，从而进一步丰富了关于双方控制的权变因素与边界条件的知识。

随着企业所面临的具体项目情境越发复杂与多元，一以贯之的控制方法将难以适应不同的任务情境与关系情境，如何有针对性地对外包项目实施控制是外包双方都面临的难题。由于发包方控制跨越了组织边界，属于组织间控制，与接包方控制所属的组织内控制有本质区别，因此即使双方使用同类控制机制，其在相同情境下的作用效果也可能不同。然而，现有研究尚未明确探析项目情境对发包方与接包方控制有效性的不同调节影响，从而难以比较它们在同一情境下的适应性差别。

本书研究发现，在任务复杂性更高的项目中，发包方结果控制和接包方过程控制对项目绩效的促进作用更强，而发包方过程控制的有效性则有所减弱；同时，当外包双方的关系亲密度更高时，接包方的两种控制机制的绩效提升作用都会变得更强，而发包方结果控制的有效性却有所降低。这些结论揭示了外包双方的过程与结果控制在情境敏感性上存在的显著差异，有助于外包双方实践者认清各自控制在不同情境下的有效性与局限性，并根据相应的项目情境来选取恰当的控制机制。

（3）本书不仅探讨了接发包双方的过程控制和结果控制对项目绩效的直接作用与权变作用，更进一步揭示了它们在不同的任务复杂性和关系亲密度水平下的交互作用，从而识别出了能与特定项目情境相匹配的双方控制组合方式。

现有文献在讨论发包方控制以及个别讨论接包方控制时，往往只考虑了它们的单独作用。事实上发包方与接包方的控制可以同时存在，并共同影响项目执行团队的工作方式与态度，因此仅考虑单独作用所得的结论可能是片面且不准确的。同时，由于发包方与接包方的各类控制机制具有不同的特质，组合在一起时对项目绩效的共同作用具有情境依赖性，不同组合可能与特定的情境相匹配而发挥出更大的效用[77]。

本书发现，在任务更复杂的情况下，当外包双方同时采用不同的控制机制，即形成"发包方过程控制—接包方结果控制"或"发包方结果控制—接包方过程控制"这两类组合时，能够互相补充并弥补彼此的不足，有助于应对任务复杂性的挑战，从而对项目绩效产生更大的促进作用；而当外包双方采用相同的控制机制，即形成"发包方过程控制—接包方过程控制"或"发包方结果控制—接包方结果控制"这两类组合时，则有可能彼此替代，与复杂的任务情境不匹配，从而难以对项目绩效产生协同影响。同时，在双边关系更亲密的情况下，只有"发包方过程控制—接包方结果控制"这一种最适宜的组合方式与亲密情境相匹配，可以更大程度上促进项目绩效；而当双方使用"发包方过程控制—接包方过程控制"这一组合时，其作用可能会相互抵消而无法形成协同效应。这些结论深化了外包管理中关于双重控制的作用机理的理论探索，并为外包双方如何根据项目的不同任务与关系背景，以合作匹配而不是各自为政的方式设计配置自身的控制机制，从而提高项目绩效提供了借鉴。

7.3　本书研究的局限性与未来展望

　总体来看，本书对研究范围内的问题进行了尽可能充分的探讨与论证，结论在较大程度上符合预期，也具有一定的创新性和理论与实践意义。但是受研究条件所限，本书仍然存在着一定的局限性与不足之处，有待于在后续的研究中进一步地深化与探索，主要体现在以下几个方面。

（1）本书的实证检验依赖于截面（cross-sectional）数据，只能在事后从总体程度上来评定双方所实施的控制机制和最终项目绩效等研究变量，这样的反溯评定可能不完全客观和准确。并且在离岸服务外包项目的推进过程中，发包方和接包方可能根据实际反馈情况来调整控制策略，因此纵向（longitudinal）数据可以更好地记录双方控制的这种动态变化，并且更好地建立控制机制与外包成功之间的因果联系。未来研究可沿此思路继续展开，探索在项目不同阶段发包方与接包方各自实施的不同控制机制，并探讨它们之间的动态交互效果。

（2）本书只检验了发包方与接包方的两类正式控制（过程控制与结果控制）对项目绩效的作用，并没有将氏族控制、自我控制等常见的非正式控制纳入研究模型。虽然本书并没有完全排除非正式因素，而是将发包方与接包方之间的关系亲密度作为一种项目情境，考察了它对不同类型的控制与控制组合的作用效果所带来的影响，但这并不能完全代替对外包双方非正式控制与正式控制之间交互作用的探讨。尤其是，发包方对接包方的非正式控制与接包方内部实施的非正式控制之间有怎样的交互关系将会是一个全新而有趣的研究话题。未来研究可在本书基础上进一步展开，去探索发包方与接包方所实施的不同类型的正式与非正式控制在不同的项目情境下如何共同作用于项目绩效，这将为外包双方针对特定的项目特征设定合理的控制策略提供更多的有用参考。

（3）本书主要考虑了任务复杂性和关系亲密度两种最为关键的项目情境，并分别探讨了它们对发包方和接包方不同控制的直接作用的调节影响，以及在两种情境下双方控制之间的交互作用。但作为两类不同的项目情境特征，任务复杂性和关系亲密度是可能同时存在并产生共同影响的。未来研究可改变视角，探讨这两种情境因素对发包方/接包方控制机制和项目绩效之间关系所带来的共同影响。除此之外，可能还存在其他重要的任务情境和关系情境变量会对双方控制机制的效用产生影响，例如任务的新颖度、战略重要性和合作关系的"锁定"程度等，它们将给双方带来不同的挑战与风险。在未来的研究中，可以进一步拓展对于影响控制机制的作用效果的其他权变因素与边界条件的理解。

（4）本书的数据来源相对比较单一，关于发包方与接包方的控制机制以及双方的关系亲密度都是通过接包方的问卷填写人来感知和测量的。尽管填写问卷的接包方高级经理人或者项目经理对于项目的实施情况非常熟悉，并且对于双方所施加的项目控制与企业间的关系情况都有良好的理解，但是他们对于问卷题项的评价可能并不是完全准确或客观的。事实上，本书也曾尝试获取配对数据，即同一项目中由发包方和接包方分别评价自身所施加的控制机制、双方关系亲密度与相应的项目绩效。但是，由于我们主要关注的是离岸服务外包项目，接包方企业往往比较注意保护国际客户信息，并且也很难联系到愿意参与调研的国际客户，因此前述尝试未能成功。在今后研究中，条件允许的情况下，来自发包方与接包方的双边数据将会带来更可靠与有价值的研究结论。另外，鉴于服务外包行业在我国的迅猛发展，已形成的数十个服务外包示范城市与中心相互间竞争激烈，尽管本书所调研的西安、苏州和大连三座城市具有典型代表性，未来研究还应该包含更多的服务外包示范基地的数据，尤其是来自北京、上海的服务外包项目数据，从而使样本选择更加全面，并验证本书的研究结论是否在中国具有普遍性。

附录

国际客户服务外包调查问卷（节选）

尊敬的国际外包项目经理/负责人：

您好！我们是西安交通大学外包研究课题组（国家自然科学基金项目编号：71172128），旨在探索全球竞争形势下，中国接包方企业如何更好地开展针对国际客户的离岸业务流程与服务外包服务。非常感谢您在百忙之中抽出时间，参与此次问卷调查活动！

本问卷主要针对贵公司一项**（a）合同金额最大**，且**（b）交付日期已满 3 个月**的国际外包业务进行调查。问卷一式两份，请该项目的负责人和一位主要参与者分别填写。

本问卷仅用于研究目的，贵公司的全部信息都会被严格保密。在答卷过程中，请答卷人认真阅读与回答每一个问题，避免疏漏与误答。此外，如果贵公司对本书感兴趣，请告知我们，我们会在日后将研究成果与贵公司分享。

×××课题组

项目基本信息

请您根据该国际外包项目的实际情况，回答下列问题。

P01 该项目的合同持续年限：
□不足 3 个月 □3 ~ 6 个月 □6 个月 ~ 1 年 □1 ~ 2 年 □2 ~ 3 年 □3 ~ 5 年 □超过 5 年

P02 该项目的合同总金额（单位：万美元）：
□不足 50 □50 ~ 100 □100 ~ 500 □500 ~ 1000 □1000 ~ 5000 □超过 5000

P03 该项目所属类型（限单选，请选择最符合的一项）：
□软件开发　　　　□软件支持与维护　　□信息技术服务（含运营维护、技术支持、
　　　　　　　　　　　　　　　　　　　系统集成等）
□金融和会计服务　□采购和供应链服务　□新产品开发（含研发、产品设计、工程
　　　　　　　　　　　　　　　　　　　服务）
□呼叫中心　　　　□人力资源服务　　　□客户服务（含研究、客户分析等）
□营销和销售　　　□法律服务　　　　　□其他（请在横线处注明）：＿＿＿＿

P04 该项目开发团队共有：＿＿＿＿人

P05 该项目的知识密集程度：□高　　　□低

P06 该客户来自哪个国家？请在横线处注明：＿＿＿＿

P07 该客户在中国是否有其他接包方？　□是　　　□否

P08 该客户的员工数量：□小于 500 人　　□ 500 ~ 20000 人　　□大于 20000 人

P09 在该项目之前，贵公司已为该客户完成过＿＿＿＿个外包项目（若没有，请写"无"）

P10 为完成该项目，该客户是否在贵公司处派驻代表？　□是　　　□否

P11 为完成该项目，贵公司是否在该客户处派驻代表？　□是　　　□否

企业基本信息

请您根据贵公司的实际情况，回答下列问题。

F01 贵公司名称：＿＿＿＿＿＿＿

F02 所在城市：＿＿＿＿＿＿＿

F03 外包业务所处的主要行业（限单选，请选择最符合的一项）：
□银行和金融服务　□制造业　　□医疗保健　　□电信　　　　□零售/批发和消费品
□石油和天然气　　□娱乐　　　□政府机构　　□软件和高科技　□物流和运输
□旅游和酒店　　　□其他（请在横线处注明）：＿＿＿＿＿＿

F04 所有权类型：
□上市公司　　□国有企业　　□民营企业　　□合资公司　　□外资子公司　　□其他

F05 贵公司迄今已成立＿＿＿＿＿＿年

F06 贵公司员工总数：＿＿＿＿＿＿人

F07 贵公司去年的全年销售额：（单位：万元）
□50 ~ 100　　　□101 ~ 200　　　□201 ~ 500　　　□501 ~ 1000　　　□1001 ~ 2000
□2001 ~ 5000　　□5001 ~ 10000　□10001 ~ 50000　□超过 50000

续表

F08 贵公司已获得的专利数目（若没有，请写"无"）：_____

F09 贵公司是否同主要的国际客户建立了战略联盟关系？　　□是　　□否
若选择"是"，请选择联盟类型：　　　　□非股权联盟　　　□股权联盟
若选择"股权联盟"，请填写贵公司的持股比例：_____%

在该项目的业务/任务特性方面，您是否同意下列描述？（1 – 完全不同意，2 – 基本不同意，3 – 不太同意，4 – 不确定，5 – 部分同意，6 – 基本同意，7 – 完全同意）

TC1	成功完成该外包任务所需的一系列步骤难以确定	1	2	3	4	5	6	7
TC2	在该外包任务中，具争议性活动的结果很难预测	1	2	3	4	5	6	7
TC3	执行该外包任务时，可参考的知识体系不够明确	1	2	3	4	5	6	7
TC4	在该外包任务执行过程中，经常出现一些不能立即解决的问题	1	2	3	4	5	6	7
TC5	在该外包任务执行过程中，行动情况，参与者及任务方面的变动程度很大	1	2	3	4	5	6	7
TC6	执行该外包任务依赖于其他相关活动的实施	1	2	3	4	5	6	7

在该项目的实施过程中，您是否同意下列描述？（1 – 完全不同意，2 – 基本不同意，3 – 不太同意，4 – 不确定，5 – 部分同意，6 – 基本同意，7 – 完全同意）

RC1	该客户与我们有着一致的组织价值观和社会规范	1	2	3	4	5	6	7
RC2	该客户与我们通过相互讨论来解决许多非常规的问题	1	2	3	4	5	6	7
RC3	该客户与我们总是通过相互适应和调整来解决问题	1	2	3	4	5	6	7
RC4	该客户与我们相互提醒对方留意那些可能会给项目带来问题的事件	1	2	3	4	5	6	7

RC5	该客户与我们相互分享影响双方业务的环境信息	1	2	3	4	5	6	7
RC6	该客户与我们相信彼此会关注对方所得到的福利,而不仅是关注自身得到的	1	2	3	4	5	6	7

CP1	我们定期向该客户交流和汇报该外包项目的进展与执行情况	1	2	3	4	5	6	7
CP2	该客户定期通过会议或电话会议来与我们商讨该项目的现状、问题及解决方案	1	2	3	4	5	6	7
CP3	该客户定期与我们评估项目计划的执行程度	1	2	3	4	5	6	7
CP4	该客户定期与我们评估该客户需求说明书的实现程度	1	2	3	4	5	6	7

CO1	在评估该项目完成情况时,该客户非常重视项目是否按时完成	1	2	3	4	5	6	7
CO2	在评估该项目完成情况时,该客户非常重视项目是否在预算成本内完成	1	2	3	4	5	6	7
CO3	在评估该项目完成情况时,该客户非常重视项目完成的满意度	1	2	3	4	5	6	7
CO4	该客户将预先设定的目标作为评估我方绩效的基准	1	2	3	4	5	6	7

VP1	项目实施期间,我方有责任制订内部规章制度及相应程序,以确保该项目遵循总体目标、计划与阶段目标	1	2	3	4	5	6	7
VP2	项目实施期间,我方有责任定期比较该项目的实际结果与该项目的总体目标、计划与阶段目标	1	2	3	4	5	6	7

续表

VP3	项目实施期间，当实际结果与总体目标、计划与阶段目标之间出现偏差时，我方有责任积极采取纠正措施	1	2	3	4	5	6	7
VP4	项目实施期间，我方有责任确保全体项目团队成员对项目所需的投入时间做出承诺	1	2	3	4	5	6	7
VP5	项目实施期间，我方有责任对项目团队成员进行项目所需的技术技能/知识的培训	1	2	3	4	5	6	7

VO1	我方将项目质量作为对项目团队成员的一条奖励标准	1	2	3	4	5	6	7
VO2	我方将该项目目标的及时实现作为对项目团队成员的一条奖励标准	1	2	3	4	5	6	7
VO3	我方将该项目的如期完工作为决定项目团队成员报酬的一个重要因素	1	2	3	4	5	6	7
VO4	我方将该项目的收益/成本比作为对项目团队成员的一条奖励标准	1	2	3	4	5	6	7
VO5	我方将该项目遵循既定日程作为对项目团队成员的一条奖励标准	1	2	3	4	5	6	7

在该项目的绩效方面，您是否同意下列描述？（1 – 完全不同意，2 – 基本不同意，3 – 不太同意，4 – 不确定，5 – 部分同意，6 – 基本同意，7 – 完全同意）

PP1	该项目是在预算内完成的	1	2	3	4	5	6	7
PP2	该项目是按时完成的	1	2	3	4	5	6	7
PP3	该项目实现了顾客要求的全部特征和功能	1	2	3	4	5	6	7
PP4	该项目实现了关键的项目目标和业务需求	1	2	3	4	5	6	7
PP5	整体来看，该项目是很成功的	1	2	3	4	5	6	7

被访者基本信息

请您根据自身的实际情况，回答下列问题。

I01 您的年龄： □20 岁以下 □20 ~ 30 岁 □31 ~ 40 岁 □41 ~ 50 岁 □50 岁以上	
I02 您的学历： □本科 □硕士/MBA □博士 □其他	
I03 您是否有过国外学习或工作的经历？ □是 □否	
I04 您迄今已为贵公司工作_____年	
I05 您目前的职位：_____	
I06 您迄今已在该职位上工作_____年	
I07 在该项目之前，您曾在贵公司负责过_____个外包项目	
I08 您的联系方式（手机或 E – mail）：_____	

非常感谢您的参与！请检查一遍问卷，确保没有遗漏问题或不准确的回答，这会显著提高问卷质量。再次感谢！

参 考 文 献

[1] 殷国鹏，杨波．服务外包的供应商能力研究——基于中国的现实思考 [J]．管理评论，2009，21（10）：78 – 85.

[2] 李元旭，谭云清．国际服务外包下接包企业技术创新能力提升路径——基于溢出效应和吸收能力视角 [J]．中国工业经济，2010（12）：66 – 75.

[3] 宋华，刘林艳．服务外包的影响因素，组织方式与治理机制探究：一个理论框架 [J]．预测，2012，31（4）：1 – 8.

[4] 中国外包网．2016 年我国服务外包产业发展情况．http：//chinasourcing. mofcom. gov. cn/news/91/74577. html，2017.

[5] 刘益，Lewin AY，郑锦荣．中国服务外包业现状、问题与对策：基于中国与 ORN 数据的比较分析 [J]．上海管理科学，2014（4）：1 – 13.

[6] 商务部网站．2016 年中国服务外包发展回顾和 2017 年七大发展趋势．http：//coi. mofcom. gov. cn/article/bt/u/201702/20170202509802. shtml，2017.

[7] 杨波，殷国鹏．中国 IT 服务外包企业能力研究 [J]．管理学报，2010，7（2）：199 – 203.

[8] Global Outsourcing and Insourcing Survey. Deloitte, 2014.

[9] Narayanan S, Jayaraman V, Luo Y et al. The antecedents of process integration in business process outsourcing and its effect on firm per-

formance [J]. Journal of Operations Management, 2011, 29 (1): 3 –16.

[10] Wüllenweber K, Beimborn D, Weitzel T et al. The impact of process standardization on business process outsourcing success [J]. Information Systems Frontiers, 2008, 10 (2): 211 –224.

[11] Mani D, Barua A, Whinston A. An empirical analysis of the impact of information capabilities design on business process outsourcing performance [J]. MIS Quarterly, 2010, 34 (1): 39 –62.

[12] Susarla A, Subramanyam R, Karhade P. Contractual provisions to mitigate holdup: Evidence from information technology outsourcing [J]. Information Systems Research, 2010, 21 (1): 37 –55.

[13] Handley SM, Benton Jr WC. The influence of task-and location-specific complexity on the control and coordination costs in global outsourcing relationships [J]. Journal of Operations Management, 2013, 31 (3): 109 –128.

[14] Ramachandran V, Gopal A. Managers' judgments of performance in IT services outsourcing [J]. Journal of Management Information Systems, 2010, 26 (4): 181 –218.

[15] Manning S, Lewin AY, Schuerch M. The stability of offshore outsourcing relationships [J]. Management International Review, 2011, 51 (3): 381 –406.

[16] Handley SM, Benton WC. Unlocking the business outsourcing process model [J]. Journal of Operations Management, 2009, 27 (5): 344 –361.

[17] Lacity MC, Khan S, Yan A et al. A review of the IT outsourcing empirical literature and future research directions [J]. Journal of Information technology, 2010, 25 (4): 395 –433.

[18] Gopal A, Koka BR. The asymmetric benefits of relational flexi-

bility: Evidence from software development outsourcing [J]. MIS Quarterly, 2012, 36 (2): 553 –576.

[19] Hahn ED, Doh JP, Bunyaratavej K. The evolution of risk in information systems offshoring: The impact of home country risk, firm learning, and competitive dynamics [J]. MIS Quarterly, 2009, 33 (3): 597 –616.

[20] Hutzschenreuter T, Kleindienst I, Lange S. Added psychic distance stimuli and MNE performance: Performance effects of added cultural, governance, geographic, and economic distance in MNEs' international expansion [J]. Journal of International Management, 2014, 20 (1): 38 –54.

[21] Caniato F, Elia S, Luzzini D et al. Location drivers, governance model and performance in service offshoring [J]. International Journal of Production Economics, 2015 (163): 189 –199.

[22] McIvor R. The influence of capability considerations on the outsourcing decision: The case of a manufacturing company [J]. International Journal of Production Research, 2009, 48 (17): 5031 –5052.

[23] Malik A, Sinha A, Blumenfeld S. Role of quality management capabilities in developing market-based organisational learning capabilities: Case study evidence from four Indian business process outsourcing firms [J]. Industrial Marketing Management, 2012, 41 (4): 639 –648.

[24] Sia SK, Koh C, Tan CX. Strategic maneuvers for outsourcing flexibility: An empirical assessment [J]. Decision Sciences, 2008, 39 (3): 407 –443.

[25] Han H – S, Lee J – N, Seo Y – W. Analyzing the impact of a firm's capability on outsourcing success: A process perspective [J]. Information & Management, 2008, 45 (1): 31 –42.

[26] Mani D, Barua A, Whinston AB. An empirical analysis of the

contractual and information structures of business process outsourcing rela-
tionships [J]. Information Systems Research, 2012, 23 (3): 618 –
634.

[27] 计春阳. 企业 IT 治理能力与 IT 外包绩效关系实证研究
[J]. 经济管理, 2010, 32 (2): 138 – 143.

[28] Han H – S, Lee J – N, Chun JU et al. Complementarity between
client and vendor IT capabilities: An empirical investigation in IT outsourcing
projects [J]. Decision Support Systems, 2013, 55 (3): 777 –791.

[29] Westner M, Strahringer S. Determinants of success in IS offsho-
ring projects: Results from an empirical study of German companies [J].
Information & Management, 2010, 47 (5 –6): 291 –299.

[30] Larsen MM, Manning S, Pedersen T. Uncovering the hidden
costs of offshoring: The interplay of complexity, organizational design, and
experience [J]. Strategic Management Journal, 2013, 34 (5): 533 –552.

[31] Mani D, Barua A. The impact of firm learning on value creation
in strategic outsourcing relationships [J]. Journal of Management Informa-
tion Systems, 2015, 32 (1): 9 –38.

[32] Jensen PD. A learning perspective on the offshoring of advanced
services [J]. Journal of International Management, 2009, 15 (2):
181 –193.

[33] Balaji S, Brown CV. Lateral coordination mechanisms and the
moderating role of arrangement characteristics in information systems devel-
opment outsourcing [J]. Information Systems Research, 2014, 25 (4):
747 –760.

[34] Srikanth K, Puranam P. The firm as a coordination system: Ev-
idence from software services offshoring [J]. Organization Science, 2014,
25 (4): 1253 –1271.

[35] Lee J – N. The impact of knowledge sharing, organizational capability and partnership quality on IS outsourcing success [J]. Information & Management, 2001, 38 (5): 323 –335.

[36] Gonzalez R, Gasco J, Llopis J. Information systems outsourcing: An empirical study of success factors [J]. Human Systems Management, 2010, 29 (3): 139 –151.

[37] Lacity MC, Solomon S, Yan A et al. Business process outsourcing studies: A critical review and research directions [J]. Journal of Information technology, 2011, 26 (4): 221 –258.

[38] Nakatsu RT, Iacovou CL. A comparative study of important risk factors involved in offshore and domestic outsourcing of software development projects: A two-panel Delphi study [J]. Information & Management, 2009, 46 (1): 57 –68.

[39] Aron R, Clemons EK, Reddi S. Just right outsourcing: Understanding and managing risk [J]. Journal of Management Information Systems, 2005, 22 (2): 37 –55.

[40] Weerakkody V, Irani Z. A value and risk analysis of offshore outsourcing business models: An exploratory study [J]. International Journal of Production Research, 2010, 48 (2): 613 –634.

[41] Liu J, Wang Q, Ma Q. The effects of project uncertainty and risk management on IS development project performance: A vendor perspective [J]. International Journal of Project Management, 2011, 29 (7): 923 –933.

[42] Lahiri S, Kedia BL. The effects of internal resources and partnership quality on firm performance: An examination of Indian BPO providers [J]. Journal of International Management, 2009, 15 (2): 209 –224.

[43] Lahiri S, Kedia BL, Mukherjee D. The impact of management

capability on the resource-performance linkage：Examining Indian outsourcing providers [J]. Journal of World Business, 2012, 47 (1): 145 – 155.

[44] 沈鹏熠. 中国企业承接离岸服务外包关键成功因素实证研究 [J]. 国际经贸探索, 2013, 29 (1): 25 – 34.

[45] 曹卓琳, 杜荣. IT 外包中软技能对关系质量和外包绩效的影响研究 [J]. 西安电子科技大学学报 (社会科学版), 2012, 22 (1): 30 – 35.

[46] Narayanan S, Balasubramanian S, Swaminathan JM. Managing outsourced software projects：An analysis of project performance and customer satisfaction [J]. Production and Operations Management, 2011, 20 (4): 508 – 521.

[47] Langer N, Slaughter SA, Mukhopadhyay T. Project managers' practical intelligence and project performance in software offshore outsourcing：A field study [J]. Information Systems Research, 2014, 25 (2): 364 – 384.

[48] Dibbern J, Winkler J, Heinzl A. Explaining variations in client extra costs between software projects offshored to India [J]. MIS Quarterly, 2008, 32 (2): 333 – 366.

[49] 张千军, 刘益. 承接方知识获取机制对 ITO 项目绩效的影响 [J]. 科学学与科学技术管理, 2013, 34 (7): 74 – 82.

[50] 邓春平, 毛基业. 控制, 吸收能力与知识转移——基于离岸 IT 服务外包业的实证研究 [J]. 管理评论, 2012, 24 (2): 131 – 139.

[51] 周海炜, 姜骞. IT 外包接包企业知识管理对外包成功的影响研究——知识黏滞性的调节作用 [J]. 科学学与科学技术管理, 2012, 33 (11): 71 – 78.

[52] Palvia PC, King RC, Xia W et al. Capability, quality, and performance of offshore IS vendors：A theoretical framework and empirical

investigation [J]. Decision Sciences, 2010, 41 (2): 231 –270.

[53] Ramasubbu N, Mithas S, Krishnan MS et al. Work dispersion, process-based learning, and offshore software development performance [J]. MIS Quarterly, 2008, 32 (2): 437 –458.

[54] 王良, 刘益, 王强. 离岸 KPO 中的战略联盟建立机制及作用结果研究——基于中国接包方视角 [J]. 预测, 2014, 33 (5): 1 –7.

[55] Li Y, Wei Z, Liu Y. Strategic orientations, knowledge acquisition, and firm performance: The perspective of the vendor in cross-border outsourcing [J]. Journal of Management Studies, 2010, 47 (8): 1457 – 1482.

[56] 周俊, 袁建新. 领域知识专用性投资对接收方机会主义行为的影响与治理 [J]. 管理评论, 2015, 27 (11): 170 –180.

[57] 张金隆, 丛国栋, 陈涛. 基于交易成本理论的 IT 外包风险控制策略研究综述 [J]. 管理学报, 2009, 6 (1): 127 –135.

[58] Gopal A, Sivaramakrishnan K, Krishnan MS et al. Contracts in offshore software development: An empirical analysis [J]. Management Science, 2003, 49 (12): 1671 –1683.

[59] Goo J. Structure of service level agreements (SLA) in IT outsourcing: The construct and its measurement [J]. Information Systems Frontiers, 2010, 12 (2): 185 –205.

[60] Benaroch M, Lichtenstein Y, Fink L. Contract design choices and the balance of ex-ante and ex-post transaction costs in software development outsourcing [J]. MIS Quarterly, 2016, 40 (1): 57 –82.

[61] Cabral S, Quelin B, Maia W. Outsourcing failure and reintegration: The influence of contractual and external factors [J]. Long Range Planning, 2014, 47 (6): 365 –378.

[62] Tiwana A, Keil M. Control in internal and outsourced software

projects ［J］. Journal of Management Information Systems, 2009, 26 (3): 9 - 44.

［63］ Tiwana A, Keil M. Systems development ambidexterity: Explaining the complementary and substitutive roles of formal and informal controls ［J］. Journal of Management Information Systems, 2010, 27 (2): 87 - 126.

［64］ Tiwana A, Keil M. Does peripheral knowledge complement control? An empirical test in technology outsourcing alliances ［J］. Strategic Management Journal, 2007, 28 (6): 623 - 634.

［65］ Gopal A, Gosain S. The role of organizational controls and boundary spanning in software development outsourcing: Implications for project performance ［J］. Information Systems Research, 2010, 21 (4): 960 - 982.

［66］ Mao J - Y, Lee J - N, Deng C - P. Vendors' perspectives on trust and control in offshore information systems outsourcing ［J］. Information & Management, 2008, 45 (7): 482 - 492.

［67］ 张培, 杜亚萍, 马建龙. 基于信任的服务外包治理机制: 多案例研究 ［J］. 管理评论, 2015, 27 (10): 230 - 240.

［68］ 梅姝娥, 谢刚. 组织内业务/IT 关系, IT 外包关系的治理与服务质量 ［J］. 管理评论, 2013, 25 (7): 132 - 142.

［69］ Qi C, Chau PY. Relationship or contract? Exploring the key factor leading to IT outsourcing success in China ［J］. Information Technology & People, 2015, 28 (3): 466 - 499.

［70］ Lee J - N, Kim Y - G. Effect of partnership quality on IS outsourcing success: Conceptual framework and empirical validation ［J］. Journal of Management Information Systems, 1999, 15 (4): 29 - 61.

［71］ Rai A, Maruping LM, Venkatesh V. Offshore information systems project success: The role of social embeddedness and cultural characteristics [J]. MIS Quarterly, 2009, 33 (3): 617 - 641.

[72] Chou SW, Techatassanasoontorn AA, Hung IH. Understanding commitment in business process outsourcing relationships [J]. Information & Management, 2015, 52 (1): 30 - 43.

[73] St. John J, Visinescu LL, Guynes CS et al. Information and communication technology offshoring logistics success: A social exchange perspective [J]. Information Systems Management, 2016, 33 (3): 212 - 230.

[74] 王家宝, 陈继祥. 关系嵌入, 学习能力与服务创新绩效——基于多案例的探索性研究 [J]. 软科学, 2011, 25 (1): 19 - 23.

[75] Rai A, Keil M, Hornyak R et al. Hybrid relational-contractual governance for business process outsourcing [J]. Journal of Management Information Systems, 2012, 29 (2): 213 - 256.

[76] Kang M, Wu X, Hong P et al. Aligning organizational control practices with competitive outsourcing performance [J]. Journal of Business Research, 2012, 65 (8): 1195 - 1201.

[77] Liu Y, Aron R. Organizational control, incentive contracts, and knowledge transfer in offshore business process outsourcing [J]. Information Systems Research, 2015, 26 (1): 81 - 99.

[78] Jayaraman V, Narayanan S, Luo Y et al. Offshoring business process services and governance control mechanisms: An examination of service providers from India [J]. Production and Operations Management, 2013, 22 (2): 314 - 334.

[79] Langer N, Mani D, Srikanth K. Client satisfaction versus profitability: An empirical analysis of the impact of formal controls in strategic outsourcing contracts. Information Systems Outsourcing. Springer, 2014: 67 - 88.

[80] Barua A, Mani D. Augmenting conflict resolution with informational response: A holistic view of governance choice in business process outsourcing [J]. Journal of Management Information Systems, 2014, 31 (3): 72 – 105.

[81] Barki H, Rivard S, Talbot J. An integrative contingency model of software project risk management [J]. Journal of Management Information Systems, 2001, 17 (4): 37 – 69.

[82] Campbell DJ. Task complexity: A review and analysis [J]. Academy of Management Review, 1988, 13 (1): 40 – 52.

[83] Liu S. Effects of control on the performance of information systems projects: The moderating role of complexity risk [J]. Journal of Operations Management, 2015, 36: 46 – 62.

[84] Lawson B, Tyler BB, Cousins PD. Antecedents and consequences of social capital on buyer performance improvement [J]. Journal of Operations Management, 2008, 26 (3): 446 – 460.

[85] Huber TL, Fischer TA, Dibbern J et al. A process model of complementarity and substitution of contractual and relational governance in IS outsourcing [J]. Journal of Management Information Systems, 2013, 30 (3): 81 – 114.

[86] Rijsdijk SA, van den Ende J. Control combinations in new product development projects [J]. Journal of Product Innovation Management, 2011, 28 (6): 868 – 880.

[87] De Jong BA, Bijlsma – Frankema KM, Cardinal LB. Stronger than the sum of its parts? The performance implications of peer control combinations in teams [J]. Organization Science, 2014, 25 (6): 1703 – 1721.

[88] Gregory RW, Beck R, Keil M. Control balancing in information

systems development offshoring projects [J]. MIS Quarterly, 2013, 37 (4): 1211 – 1232.

[89] Joy S, Poonamallee L. Intra-and inter-organizational controls in outsourcing: Controlees' perspectives [C]: Academy of Management, 2014: 14036.

[90] Sitkin SB, Cardinal LB, Bijlsma – Frankema KM. Organizational Control [M]. London: Cambridge University Press, 2010.

[91] Kreutzer M, Walter J, Cardinal LB. Organizational control as antidote to politics in the pursuit of strategic initiatives [J]. Strategic Management Journal, 2015, 36 (9): 1317 – 1337.

[92] Ouchi WG, Maguire MA. Organizational control: Two functions [J]. Administrative Science Quarterly, 1975, 20 (4): 559 – 569.

[93] Flamholtz EG, Das TK, Tsui AS. Toward an integrative framework of organizational control [J]. Accounting, Organizations and Society, 1985, 10 (1): 35 – 50.

[94] Eisenhardt KM. Control: Organizational and economic approaches [J]. Management Science, 1985, 31 (2): 134 – 149.

[95] Ouchi WG. A conceptual framework for the design of organizational control mechanisms [J]. Management Science, 1979, 25 (9): 833 – 848.

[96] Henderson JC, Lee H. Managing I/S design Teams: A control theories perspective [J]. Management Science, 1992, 38 (6): 757 – 777.

[97] Kirsch LJ. Portfolios of control modes and IS project management [J]. Information Systems Research, 1997, 8 (3): 215 – 239.

[98] Luo Y, Shenkar O, Gurnani H. Control-cooperation interfaces in global strategic alliances: A situational typology and strategic responses [J].

Journal of International Business Studies, 2008, 39 (3): 428 – 453.

[99] Speklé RF. Explaining management control structure variety: A transaction cost economics perspective [J]. Accounting, Organizations and Society, 2001, 26 (4 – 5): 419 – 441.

[100] Das TK, Teng B – S. Trust, control, and risk in strategic alliances: An integrated framework [J]. Organization Studies, 2001, 22 (2): 251 – 283.

[101] Klein HJ. An integrated control theory model of work motivation [J]. Academy of Management Review, 1989, 14 (2): 150 – 172.

[102] Das TK, Teng B – S. Between trust and control: Developing confidence in partner cooperation in alliances [J]. Academy of Management Review, 1998, 23 (3): 491 – 512.

[103] Jap SD, Ganesan S. Control mechanisms and the relationship life cycle: Implications for safeguarding specific investments and developing commitment [J]. Journal of marketing research, 2000, 37 (2): 227 – 245.

[104] Li Y, Xie E, Teo H – H et al. Formal control and social control in domestic and international buyer-supplier relationships [J]. Journal of Operations Management, 2010, 28 (4): 333 – 344.

[105] Caglio A, Ditillo A. A review and discussion of management control in inter-firm relationships: Achievements and future directions [J]. Accounting, Organizations and Society, 2008, 33 (7 – 8): 865 – 898.

[106] Kallunki J – P, Laitinen EK, Silvola H. Impact of enterprise resource planning systems on management control systems and firm performance [J]. International Journal of Accounting Information Systems, 2011, 12 (1): 20 – 39.

[107] Jaworski BJ. Toward a theory of marketing control: Environmental context, control types, and consequences [J]. Journal of Market-

ing, 1988, 52 (3): 23 – 39.

[108] Long CP, Burton RM, Cardinal LB. Three controls are better than one: A computational model of complex control systems [J]. Computational & Mathematical Organization Theory, 2002, 8 (3): 197 – 220.

[109] Anderson E, Oliver RL. Perspectives on behavior-based versus outcome-based salesforce control systems [J]. Journal of Marketing, 1987, 51 (4): 76 – 88.

[110] Celly KS, Frazier GL. Outcome-based and behavior-based coordination efforts in channel relationships [J]. Journal of marketing research, 1996, 33 (2): 200 – 210.

[111] Bello DC, Gilliland DI. The effect of output controls, process controls, and flexibility on export channel performance [J]. Journal of Marketing, 1997, 61 (1): 22 – 38.

[112] Cardinal LB. Technological innovation in the pharmaceutical industry: The use of organizational control in managing research and development [J]. Organization Science, 2001, 12 (1): 19 – 36.

[113] Doz YL. The evolution of cooperation in strategic alliances: Initial conditions or learning processes? [J]. Strategic Management Journal, 1996, 17 (S1): 55 – 83.

[114] Makhija MV, Ganesh U. The relationship between control and partner learning in learning-related joint ventures [J]. Organization Science, 1997, 8 (5): 508 – 527.

[115] Kirsch LJ, Ko D – G, Haney MH. Investigating the antecedents of team-based clan control: Adding social capital as a predictor [J]. Organization Science, 2010, 21 (2): 469 – 489.

[116] Chua CEH, Lim W – K, Soh C et al. Enacting clan control in complex it projects: A social capital perspective [J]. MIS Quarterly,

2012, 36 (2): 577 - 600.

[117] Maruping LM, Venkatesh V, Agarwal R. A control theory perspective on agile methodology use and changing user requirements [J]. Information Systems Research, 2009, 20 (3): 377 - 399.

[118] 秦晓. 组织控制、市场控制: 公司治理结构的模式选择和制度安排 [J]. 管理世界, 2003 (4): 1 - 8.

[119] Huang M - C, Cheng H - L, Tseng C - Y. Reexamining the direct and interactive effects of governance mechanisms upon buyer-supplier cooperative performance [J]. Industrial Marketing Management, 2014, 43 (4): 704 - 716.

[120] Ferguson RJ, Paulin M, Bergeron J. Contractual governance, relational governance, and the performance of interfirm service exchanges: The influence of boundary-spanner closeness [J]. Journal of the Academy of Marketing Science, 2005, 33 (2): 217 - 234.

[121] Abdi M, Aulakh PS. Locus of uncertainty and the relationship between contractual and relational governance in cross-border interfirm relationships [J]. Journal of management, 2017, 43 (3): 771 - 803.

[122] Xie E, Liang J, Zhou KZ. How to enhance supplier performance in China: An integrative view of partner selection and partner control [J]. Industrial Marketing Management, 2016 (56): 156 - 166.

[123] Liu Y, Luo Y, Liu T. Governing buyer-supplier relationships through transactional and relational mechanisms: Evidence from China [J]. Journal of Operations Management, 2009, 27 (4): 294 - 309.

[124] Lioliou E, Zimmermann A, Willcocks L et al. Formal and relational governance in IT outsourcing: Substitution, complementarity and the role of the psychological contract [J]. Information Systems Journal, 2014, 24 (6): 503 - 535.

［125］ Hernández – Espallardo M, Rodríguez – Orejuela A, Sánchez – Pérez M. Inter-organizational governance, learning and performance in supply chains ［J］. Supply Chain Management: An International Journal, 2010, 15 (2): 101 – 114.

［126］ Sartor MA, Beamish PW. Offshoring innovation to emerging markets: Organizational control and informal institutional distance ［J］. Journal of International Business Studies, 2014, 45 (9): 1072 – 1095.

［127］ Hutzschenreuter T, Lewin AY, Dresel S. Governance modes for offshoring activities: A comparison of US and German firms ［J］. International Business Review, 2011, 20 (3): 291 – 313.

［128］ Gooris J, Peeters C. Home-host country distance in offshore governance choices ［J］. Journal of International Management, 2014, 20 (1): 73 – 86.

［129］ Luo Y, Wang SL, Jayaraman V et al. Governing business process offshoring: Properties, processes, and preferred modes ［J］. Journal of World Business, 2013, 48 (3): 407 – 419.

［130］ Hernandez – Espallardo M, Arcas – Lario N. Unilateral control and the moderating effects of fairness on the target's performance in asymmetric channel partnerships ［J］. European Journal of Marketing, 2003, 37 (11): 1685 – 1720.

［131］ Ryu S, Eyuboglu N. The environment and its impact on satisfaction with supplier performance: An investigation of the mediating effects of control mechanisms from the perspective of the manufacturer in the U. S. A. ［J］. Industrial Marketing Management, 2007 (36): 458 – 469.

［132］ Gregory WR, Keil M. Blending bureaucratic and collaborative management styles to achieve control ambidexterity in IS projects ［J］. European Journal of Information Systems, 2014, 23 (3): 343 – 356.

[133] Carson SJ. When to give up control of outsourced new product development [J]. Journal of Marketing, 2007, 71 (1): 49 – 66.

[134] Srivastava SC, Teo TSH. Contract performance in offshore systems development: Role of control mechanisms [J]. Journal of Management Information Systems, 2012, 29 (1): 115 – 158.

[135] Langfield – Smith K, Smith D. Management control systems and trust in outsourcing relationships [J]. Management Accounting Research, 2003, 14 (3): 281 – 307.

[136] Dekker HC, Van den Abbeele A. Organizational learning and interfirm control: The effects of partner search and prior exchange experiences [J]. Organization Science, 2010, 21 (6): 1233 – 1250.

[137] Xu G, Zhou Y, Xu L et al. Effects of control in open innovation: An empirical study of university-industry cooperation in China [J]. International Journal of Technology, Policy and Management, 2014, 14 (4): 346 – 363.

[138] 李毅斌. 物流服务供应链企业间管理控制机制研究 [D]. 西安: 长安大学, 2013.

[139] Goodale JC, Kuratko DF, Hornsby JS. Influence factors for operational control and compensation in professional service firms [J]. Journal of Operations Management, 2008, 26 (5): 669 – 688.

[140] Rustagi S, King WR, Kirsch LJ. Predictors of formal control usage in IT outsourcing partnerships [J]. Information Systems Research, 2008, 19 (2): 126 – 143.

[141] Tiwana A. Does technological modularity substitute for control? A study of alliance performance in software outsourcing [J]. Strategic Management Journal, 2008, 29 (7): 769 – 780.

[142] Choudhury V, Sabherwal R. Portfolios of control in outsourced

software development projects [J]. Information Systems Research, 2003, 14 (3): 291 –314.

[143] Stouthuysen K, Slabbinck H, Roodhooft F. Controls, service type and perceived supplier performance in interfirm service exchanges [J]. Journal of Operations Management, 2012, 30 (5): 423 –435.

[144] Kang M, Wu X, Hong P et al. The role of organizational control in outsourcing practices: An empirical study [J]. Journal of Purchasing and Supply Management, 2014, 20 (3): 177 –185.

[145] Harmancioglu N. Portfolio of controls in outsourcing relationships for global new product development [J]. Industrial Marketing Management, 2009, 38 (4): 394 –403.

[146] Liu L, Borman M, Gao J. Delivering complex engineering projects: Reexamining organizational control theory [J]. International Journal of Project Management, 2014, 32 (5): 791 –802.

[147] Poppo L, Zenger T. Do formal contracts and relational governance function as substitutes or complements? [J]. Strategic Management Journal, 2002, 23 (8): 707 –725.

[148] Yang Q, Zhao X, Yeung HYJ et al. Improving logistics outsourcing performance through transactional and relational mechanisms under transaction uncertainties: Evidence from China [J]. International Journal of Production Economics, 2016 (175): 12 –23.

[149] Li Y, Liu Y, Li M et al. Transformational offshore outsourcing: Empirical evidence from alliances in China [J]. Journal of Operations Management, 2008, 26 (2): 257 –274.

[150] Cao L, Mohan K, Ramesh B et al. Evolution of governance: Achieving ambidexterity in IT outsourcing [J]. Journal of Management Information Systems, 2013, 30 (3): 115 –140.

203

［151］Kirsch LJ. The management of complex tasks in organizations: Controlling the systems development process ［J］. Organization Science, 1996, 7（1）: 1 – 21.

［152］Kirsch LJ, Sambamurthy V, Ko D – G et al. Controlling information systems development projects: The view from the client ［J］. Management Science, 2002, 48（4）: 484 – 498.

［153］Griffith DA, Harmancioglu N, Droge C. Governance decisions for the offshore outsourcing of new product development in technology intensive markets ［J］. Journal of World Business, 2009, 44（3）: 217 – 224.

［154］Liu S, Wang L. User liaisons' perspective on behavior and outcome control in IT projects ［J］. Management Decision, 2014, 52（6）: 1148 – 1173.

［155］Handley SM, Benton WC. Mediated power and outsourcing relationships ［J］. Journal of Operations Management, 2012, 30（3）: 253 – 267.

［156］Nicholson B, Jones J, Espenlau S. Transaction costs and control of outsourced accounting: Case evidence from India ［J］. Management Accounting Research, 2006, 17（3）: 238 – 258.

［157］Roy S, Sivakumar K. Global outsourcing relationships and innovation: A conceptual framework and research propositions ［J］. Journal of Product Innovation Management, 2012, 29（4）: 513 – 530.

［158］Liu S, Deng Z. How environment risks moderate the effect of control on performance in information technology projects: Perspectives of project managers and user liaisons ［J］. International Journal of Information Management, 2015, 35（1）: 80 – 97.

［159］Wiener M, Remus U, Heumann J et al. The effective promotion of informal control in information systems offshoring projects ［J］. European Journal of Information Systems, 2015, 24 (6): 569 – 587.

[160] Lee G, Shin G – c, Haney MH et al. The impact of formal control and guanxi on task conflict in outsourcing relationships in China [J]. Industrial Marketing Management, 2016 (62): 128 – 136.

[161] 刘文霞, 王永贵, 赵宏文. 合作治理机制对服务外包供应商创新能力的影响机理研究——基于在华服务外包企业的实证分析 [J]. 北京工商大学学报: 社会科学版, 2014, 29 (3): 65 – 72.

[162] Goo J, Huang CD. Facilitating relational governance through service level agreements in IT outsourcing: An application of the commitment-trust theory [J]. Decision Support Systems, 2008, 46 (1): 216 – 232.

[163] Handley SM, Angst CM. The impact of culture on the relationship between governance and opportunism in outsourcing relationships [J]. Strategic Management Journal, 2015, 36 (9): 1412 – 1434.

[164] Wood RE. Task complexity: Definition of the construct [J]. Organizational Behavior and Human Decision Processes, 1986, 37 (1): 60 – 82.

[165] Williams TM. The need for new paradigms for complex projects [J]. International Journal of Project Management, 1999, 17 (5): 269 – 273.

[166] Kim J, Wilemon D. Sources and assessment of complexity in NPD projects [J]. R&D Management, 2003, 33 (1): 15 – 30.

[167] Puddicombe MS. Novelty and technical complexity: Critical constructs in capital projects [J]. Journal of Construction Engineering and Management, 2011, 138 (5): 613 – 620.

[168] 彭正银, 韩炜. 任务复杂性研究前沿探析与未来展望 [J]. 外国经济与管理, 2011, 33 (9): 11 – 18.

[169] Vidal LA, Marle F. Understanding project complexity: Impli-

cations on project management [J]. Kybernetes, 2008, 37 (8): 1094 –
1110.

[170] Grandori A. Methodological options for an integrated perspective
on organization [J]. Human Relations, 2001, 54 (1): 37 –47.

[171] Hærem T, Pentland BT, Miller KD. Task complexity: Exten-
ding a core concept [J]. Academy of Management Review, 2015, 40 (3):
446 –460.

[172] Anderson SW, Dekker HC. Management control for market
transactions: The relation between transaction characteristics, incomplete
contract design, and subsequent performance [J]. Management Science,
2005, 51 (12): 1734 –1752.

[173] Tiwana A. Does interfirm modularity complement ignorance? A
field study of software outsourcing alliances [J]. Strategic Management Jour-
nal, 2008, 29 (11): 1241 –1252.

[174] Weigelt C, Sarkar MB. Performance implications of outsourcing
for technological innovations: Managing the efficiency and adaptability
trade-off [J]. Strategic Management Journal, 2012, 33 (2): 189 –216.

[175] Tiwana A, Bush AA. A comparison of transaction cost, agen-
cy, and knowledge-based predictors of IT outsourcing decisions: A US –
Japan cross-cultural field study [J]. Journal of Management Information
Systems, 2007, 24 (1): 259 –300.

[176] Elia S, Caniato F, Luzzini D et al. Governance choice in glob-
al sourcing of services: The impact on service quality and cost saving per-
formance [J]. Global Strategy Journal, 2014, 4 (3): 181 –199.

[177] Liu R, Feils DJ, Scholnick B. Why are different services out-
sourced to different countries? [J]. Journal of International Business Stud-
ies, 2011, 42 (4): 558 –571.

[178] Luo Y, Wang SL, Zheng Q et al. Task attributes and process integration in business process offshoring: A perspective of service providers from India and China [J]. Journal of International Business Studies, 2012, 43 (5): 498-524.

[179] 张延禄, 杨乃定. 项目复杂性内涵, 特征, 类型及测度方法的研究综述 [J]. 管理评论, 2013, 9 (9): 131-139.

[180] Mihm J, Loch C, Huchzermeier A. Problem-solving oscillations in complex engineering projects [J]. Management Science, 2003, 49 (6): 733-750.

[181] 何清华, 罗岚, 陆云波. 项目复杂性内涵框架研究述评 [J]. 科技进步与对策, 2013, 30 (23): 156-160.

[182] 刘汕, 张金隆, 陈涛. 企业 IT 项目控制模式对绩效的影响研究 [J]. 科研管理, 2012, 33 (7): 112-120.

[183] Anand G, Ward PT, Tatikonda MV. Role of explicit and tacit knowledge in Six Sigma projects: An empirical examination of differential project success [J]. Journal of Operations Management, 2010, 28 (4): 303-315.

[184] Ceci F, Prencipe A. Does distance hinder coordination? Identifying and bridging boundaries of offshored work [J]. Journal of International Management, 2013, 19 (4): 324-332.

[185] Jensen PD, Larsen MM, Pedersen T. The organizational design of offshoring: Taking stock and moving forward [J]. Journal of International Management, 2013, 19 (4): 315-323.

[186] Daft RL, Weick KE. Toward a model of organizations as interpretation systems [J]. Academy of Management Review, 1984, 9 (2): 284-295.

[187] 曲刚, 李伯森. 软件外包项目复杂性下的交互记忆系统与

知识转移 [J]. 管理科学, 2011, 24 (3): 65 – 74.

[188] Giezen M. Keeping it simple? A case study into the advantages and disadvantages of reducing complexity in mega project planning [J]. International Journal of Project Management, 2012, 30 (7): 781 – 790.

[189] 郑淞月, 刘益, 孙彪. 创新型外包项目如何提升接包方能力——基于专项投资的路径分析 [J]. 科技管理研究, 2015, 35 (21): 202 – 209.

[190] Kelley HH, Berscheid E, Christensen A et al. Close Relationships [M]. San Francisco: Freeman, 1983.

[191] Nielson CC. An empirical examination of the role of "closeness" in industrial buyer-seller relationships [J]. European Journal of Marketing, 1998, 32 (5/6): 441 – 463.

[192] Bove LL, Johnson LW. Customer relationships with service personnel: Do we measure closeness, quality or strength? [J]. Journal of Business Research, 2001, 54 (3): 189 – 197.

[193] Chang K – c. Close but not committed? The multiple dimensions of relational embeddedness [J]. Social Science Research, 2011, 40 (4): 1214 – 1235.

[194] 宋华, 王岚, 贺锋. 企业间关系对采购与物流供应柔性的影响研究 [J]. 软科学, 2009, 23 (2): 58 – 65.

[195] Vosgerau J, Anderson E, Ross Jr. WT. Can inaccurate perceptions in business-to-business (B2B) relationships be beneficial? [J]. Marketing Science, 2008, 27 (2): 205 – 224.

[196] Ford D. The development of buyer-seller relationships in industrial markets [J]. European Journal of Marketing, 1980, 14 (5/6): 339 – 353.

[197] Carbonell P, Rodriguez – Escudero AI, Pujari D. Performance

effects of involving lead users and close customers in new service development [J]. Journal of Services Marketing, 2012, 26 (7): 497 – 509.

[198] Mende M, Bolton RN, Bitner MJ. Decoding customer-firm relationships: How attachment styles help explain customers' preferences for closeness, repurchase intentions, and changes in relationship breadth [J]. Journal of marketing research, 2013, 50 (1): 125 – 142.

[199] Goffin K, Lemke F, Szwejczewski M. An exploratory study of 'close' supplier-manufacturer relationships [J]. Journal of Operations Management, 2006, 24 (2): 189 – 209.

[200] Porterfield TE, Bailey JP, Evers PT. B2B eCommerce: An empirical investigation of information exchange and firm performance [J]. International Journal of Physical Distribution & Logistics Management, 2010, 40 (6): 435 – 455.

[201] Laing AW, Lian PC. Inter-organisational relationships in professional services: Towards a typology of service relationships [J]. Journal of Services Marketing, 2005, 19 (2): 114 – 128.

[202] Thorgren S, Wincent J. Interorganizational trust: Origins, dysfunctions and regulation of rigidities [J]. British Journal of Management, 2011, 22 (1): 21 – 41.

[203] 张培, 周琳, 马建龙. "嵌入性" 视角下服务外包关系强度与治理机制互动关系研究 [J]. 科学学与科学技术管理, 2016, 37 (7): 42 – 53.

[204] Srivastava V, Singh T. Value creation through relationship closeness [J]. Journal of Strategic Marketing, 2010, 18 (1): 3 – 17.

[205] Ganesan S, Malter AJ, Rindfleisch A. Does distance still matter? Geographic proximity and new product Development [J]. Journal of Marketing, 2005, 69 (4): 44 – 60.

[206] Golicic SL, Mentzer JT. Exploring the drivers of interorganizational relationship magnitude [J]. Journal of Business Logistics, 2005, 26 (2): 47 – 71.

[207] Morgan RM, Hunt SD. The commitment-trust theory of relationship marketing [J]. The Journal of Marketing, 1994, 58 (3): 20 – 38.

[208] Hennig – Thurau T, Gwinner KP, Gremler DD. Understanding relationship marketing outcomes an integration of relational benefits and relationship quality [J]. Journal of service research, 2002, 4 (3): 230 – 247.

[209] Wuyts S, Geyskens I. The formation of buyer-supplier relationships: Detailed contract drafting and close partner selection [J]. Journal of Marketing, 2005, 69 (4): 103 – 107.

[210] Granovetter M. Economic action and social structure: The problem of embeddedness [J]. American Journal of Sociology, 1985, 91 (3): 481 – 510.

[211] Autry CW, Golicic SL. Evaluating buyer-supplier relationship-performance spirals: A longitudinal study [J]. Journal of Operations Management, 2010, 28 (2): 87 – 100.

[212] Zhou KZ, Poppo L. Exchange hazards, relational reliability, and contracts in China: The contingent role of legal enforceability [J]. Journal of International Business Studies, 2010, 41 (5): 861 – 881.

[213] Kang M – P, Mahoney JT, Tan D. Why firms make unilateral investments specific to other firms: The case of OEM suppliers [J]. Strategic Management Journal, 2009, 30 (2): 117 – 135.

[214] Palmatier RW, Dant RP, Grewal D et al. Factors influencing the effectiveness of relationship marketing: A meta-analysis [J]. Journal of Marketing, 2006, 70 (4): 136 – 153.

［215］ Crosby LA, Evans KR, Cowles D. Relationship quality in services selling: An interpersonal influence perspective ［J］. Journal of Marketing, 1990, 54 (3): 68 - 81.

［216］ Li Y, Wang X, Huang L et al. How does entrepreneurs' social capital hinder new business development? A relational embeddedness perspective ［J］. Journal of Business Research, 2013, 66 (12): 2418 - 2424.

［217］ Bianchi CC, Saleh MA. Antecedents of importer relationship performance in Latin America ［J］. Journal of Business Research, 2011, 64 (3): 258 - 265.

［218］ Yang Q, Zhao X. Are logistics outsourcing partners more integrated in a more volatile environment? ［J］. International Journal of Production Economics, 2016 (171): 211 - 220.

［219］ Heide JB, Wathne KH, Rokkan AI. Interfirm monitoring, social contracts, and relationship outcomes ［J］. Journal of marketing research, 2007, 44 (3): 425 - 433.

［220］ Powers TL, Sheng S, Li JJ. Provider and relational determinants of customer solution performance ［J］. Industrial Marketing Management, 2016 (56): 14 - 23.

［221］ Narayanan S, Narasimhan R, Schoenherr T. Assessing the contingent effects of collaboration on agility performance in buyer-supplier relationships ［J］. Journal of Operations Management, 2015: 33 - 34, 140 - 154.

［222］ Mehta R, Polsa P, Mazur J et al. Strategic alliances in international distribution channels ［J］. Journal of Business Research, 2006, 59 (10): 1094 - 1104.

［223］ Barry JM, Dion P, Johnson W. A cross-cultural examination of relationship strength in B2B services [J]. Journal of Services Marketing, 2008, 22 (2): 114 – 135.

[224] Čater T, Čater B. Product and relationship quality influence on customer commitment and loyalty in B2B manufacturing relationships [J]. Industrial Marketing Management, 2010, 39 (8): 1321 – 1333.

[225] Rauyruen P, Miller KE. Relationship quality as a predictor of B2B customer loyalty [J]. Journal of Business Research, 2007, 60 (1): 21 – 31.

[226] Wulf KD, Odekerken – Schröder G, Iacobucci D. Investments in consumer relationships: A cross-country and cross-industry exploration [J]. Journal of Marketing, 2001, 65 (4): 33 – 50.

[227] De Cannière MH, De Pelsmacker P, Geuens M. Relationship quality and purchase intention and behavior: The moderating impact of relationship strength [J]. Journal of Business and Psychology, 2010, 25 (1): 87 – 98.

[228] McEvily B, Marcus A. Embedded ties and the acquisition of competitive capabilities [J]. Strategic Management Journal, 2005, 26 (11): 1033 – 1055.

[229] Tiwana A. Do bridging ties complement strong ties? An empirical examination of alliance ambidexterity [J]. Strategic Management Journal, 2008, 29 (3): 251 – 272.

[230] Song H, Wang L. The impact of private and family firms' relational strength on financing performance in clusters [J]. Asia Pacific Journal of Management, 2013, 30 (3): 735 – 748.

[231] Musteen M, Datta DK, Butts MM. Do international networks and foreign market knowledge facilitate SME internationalization? Evidence from the Czech Republic [J]. Entrepreneurship theory and practice, 2014,

38 (4): 749 – 774.

[232] Gao GY, Xie E, Zhou KZ. How does technological diversity in supplier network drive buyer innovation? Relational process and contingencies [J]. Journal of Operations Management, 2015 (36): 165 – 177.

[233] Atuahene – Gima K, Murray JY. Exploratory and exploitative learning in new product development: A social capital perspective on new technology ventures in China [J]. Journal of International Marketing, 2007, 15 (2): 1 – 29.

[234] Prior DD. The effects of buyer-supplier relationships on buyer competitiveness [J]. Journal of Business & Industrial Marketing, 2012, 27 (2): 100 – 114.

[235] Moran P. Structural vs. relational embeddedness: Social capital and managerial performance [J]. Strategic Management Journal, 2005, 26 (12): 1129 – 1151.

[236] 李永强, 杨建华, 白璇等. 企业家社会资本的负面效应研究: 基于关系嵌入的视角 [J]. 中国软科学, 2012 (10): 104 – 116.

[237] Simsek Z, Lubatkin MH, Floyd SW. Inter-firm networks and entrepreneurial behavior: A structural embeddedness perspective [J]. Journal of management, 2003, 29 (3): 427 – 442.

[238] Li Y, Zhang Y, Zheng S. Social capital, portfolio management capability and exploratory innovation: evidence from China [J]. Journal of Business & Industrial Marketing, 2016, 31 (6): 794 – 807.

[239] Villena VH, Revilla E, Choi TY. The dark side of buyer-supplier relationships: A social capital perspective [J]. Journal of Operations Management, 2011, 29 (6): 561 – 576.

[240] Rusanen H, Halinen A, Jaakkola E. Accessing resources for service innovation-the critical role of network relationships [J]. Journal of

Service Management, 2014, 25 (1): 2 – 29.

[241] Mitręga M, Zolkiewski J. Negative consequences of deep relationships with suppliers: An exploratory study in Poland [J]. Industrial Marketing Management, 2012, 41 (5): 886 – 894.

[242] Uzzi B. Social structure and competition in interfirm networks: The paradox of embeddedness [J]. Administrative Science Quarterly, 1997, 42 (1): 35 – 67.

[243] Bastl M, Johnson M, Lightfoot H et al. Buyer-supplier relationships in a servitized environment: An examination with Cannon and Perreault's framework [J]. International journal of operations & production management, 2012, 32 (6): 650 – 675.

[244] Ryall MD, Sampson RC. Formal contracts in the presence of relational enforcement mechanisms: Evidence from technology development projects [J]. Management Science, 2009, 55 (6): 906 – 925.

[245] Gençtürk EF, Aulakh PS. Norms-and control-based governance of international manufacturer-distributor relational exchanges [J]. Journal of International Marketing, 2007, 15 (1): 92 – 126.

[246] Liu Y, Tao L, Li Y et al. The impact of a distributor's trust in a supplier and use of control mechanisms on relational value creation in marketing channels [J]. Journal of Business & Industrial Marketing, 2007, 23 (1): 12 – 22.

[247] 张闯, 张涛, 庄贵军. 渠道关系强度对渠道权力应用的影响——关系嵌入的视角 [J]. 管理科学, 2012, 25 (3): 56 – 68.

[248] Qi C, Chau PY. Relationship, contract and IT outsourcing success: Evidence from two descriptive case studies [J]. Decision Support Systems, 2012, 53 (4): 859 – 869.

[249] Chu Z, Wang Q. Drivers of relationship quality in logistics out-

sourcing in China [J]. Journal of Supply Chain Management, 2012, 48 (3): 78 – 96.

[250] Ren SJ – F, Ngai EWT, Cho V. Examining the determinants of outsourcing partnership quality in Chinese small-and medium-sized enterprises [J]. International Journal of Production Research, 2010, 48 (2): 453 – 475.

[251] Oshri I, Kotlarsky J, Gerbasi A. Strategic innovation through outsourcing: The role of relational and contractual governance [J]. The Journal of Strategic Information Systems, 2015, 24 (3): 203 – 216.

[252] Chakrabarty S, Whitten D, Green K. Understanding service quality and relationship quality in IS outsourcing: Client orientation & promotion, project management effectiveness, and the task-technology-structure Fit [J]. Journal of Computer Information Systems, 2008, 48 (2): 1 – 15.

[253] 艾时钟, 尚永辉, 信妍. IT 外包知识转移影响因素分析——基于关系质量的实证研究 [J]. 科学学研究, 2011, 29 (8): 1216 – 1222.

[254] 姜骞, 周海炜, 屈维意. 关系范式, 知识获取对外包合作关系满意度的影响研究——接包方的视角 [J]. 情报杂志, 2011, 30 (6): 199 – 204.

[255] Lee J – N, Huynh MQ, Hirschheim R. An integrative model of trust on IT outsourcing: Examining a bilateral perspective [J]. Information Systems Frontiers 2008, 10 (2): 145 – 163.

[256] 田野, 杜荣. 知识转移, 知识共享和文化相似度的关系——关于 IT 外包项目的研究 [J]. 科学学研究, 2011, 29 (8): 1190 – 1197.

[257] 邓春平, 毛基业. 关系契约治理与外包合作绩效——对日离岸软件外包项目的实证研究 [J]. 南开管理评论, 2008, 11 (4):

25 - 33.

[258] Jensen MC, Meckling WH. Theory of the firm: Managerial behavior, agency costs and ownership structure [J]. Journal of financial economics, 1976, 3 (4): 305 - 360.

[259] Bergen M, Dutta S, Walker OC, Jr. Agency relationships in marketing: A review of the implications and applications of agency and related theories [J]. Journal of Marketing, 1992, 56 (3): 1 - 24.

[260] Fama EF, Jensen MC. Agency problems and residual claims [J]. Journal of law and Economics, 1983, 26 (2): 327 - 349.

[261] 李莉, 关宇航, 顾春霞. 治理监督机制对中国上市公司过度投资行为的影响研究——论代理理论的适用性 [J]. 管理评论, 2014, 26 (5): 139 - 148.

[262] Eisenhardt KM. Agency theory: An assessment and review [J]. Academy of Management Review, 1989, 14 (1): 57 - 74.

[263] 戴中亮. 委托代理理论述评 [J]. 商业研究, 2004 (19): 98 - 100.

[264] Dibbern J, Goles T, Hirschheim R et al. Information systems outsourcing: A survey and analysis of the literature [J]. ACM Sigmis Database, 2004, 35 (4): 6 - 102.

[265] Gooris J, Peeters C. Fragmenting global business processes: A protection for proprietary information [J]. Journal of International Business Studies, 2016, 47 (5): 535 - 562.

[266] 张宗明, 廖貅武, 刘树林. 需求不确定性下 IT 服务外包合同设计与分析 [J]. 管理科学学报, 2013, 16 (2): 46 - 59.

[267] Logan MS. Using agency theory to design successful outsourcing relationships [J]. The International Journal of Logistics Management, 2000, 11 (2): 21 - 32.

[268] Barney J, Ouchi W. Organizational Economics [M]. San Francisco, CA: Jossey – Bass, 1986.

[269] Williamson OE. The Economic Institutions of Capitalism [M]. New York: Free Press, 1985.

[270] Williamson OE. Corporate finance and corporate governance [J]. The Journal of Finance, 1988, 43 (3): 567 – 591.

[271] Williamson OE. Markets and Hierarchies [M]. New York, NY: Free Press, 1975.

[272] Heide JB. Interorganizational governance in marketing channels [J]. Journal of Marketing, 1994, 58 (1): 71 – 85.

[273] Dyer JH, Chu W. The role of trustworthiness in reducing transaction costs and improving performance: Empirical evidence from the United States, Japan, and Korea [J]. Organization Science, 2003, 14 (1): 57 – 68.

[274] Williamson OE. Comparative economic organization: The analysis of discrete structural alternatives [J]. Administrative Science Quarterly, 1991, 36 (2): 269 – 296.

[275] Rindfleisch A, Heide JB. Transaction cost analysis: Past, present, and future applications [J]. Journal of Marketing, 1997, 61 (4): 30 – 54.

[276] McIvor R. How the transaction cost and resource-based theories of the firm inform outsourcing evaluation [J]. Journal of Operations Management, 2009, 27 (1): 45 – 63.

[277] Mantel SP, Tatikonda MV, Liao Y. A behavioral study of supply manager decision-making: Factors influencing make versus buy evaluation [J]. Journal of Operations Management, 2006, 24 (6): 822 – 838.

[278] Ellram LM, Tate WL, Billington C. Offshore outsourcing of

professional services: A transaction cost economics perspective [J]. Journal of Operations Management, 2008, 26 (2): 148 – 163.

[279] Brewer B, Wallin C, Ashenbaum B. Outsourcing the procurement function: Do actions and results align with theory? [J]. Journal of Purchasing and Supply Management, 2014, 20 (3): 186 – 194.

[280] Galbraith JR. Designing Complex Organizations [M]. Reading: Addison – Wesley Longman, 1973.

[281] Daft RL, Macintosh NB. A tentative exploration into the amount and equivocality of information processing in organizational work units [J]. Administrative Science Quarterly, 1981, 26 (2): 207 – 224.

[282] Weick KE. The Social Psychology of Organizing [M]. Reading, MA: Addison – Wesley, 1979.

[283] Sicotte H, Langley A. Integration mechanisms and R&D project performance [J]. Journal of Engineering and Technology Management, 2000, 17 (1): 1 – 37.

[284] Gattiker TF, Goodhue DL. Understanding the local-level costs and benefits of ERP through organizational information processing theory [J]. Information & Management, 2004, 41 (4): 431 – 443.

[285] Stock GN, Tatikonda MV. External technology integration in product and process development [J]. International journal of operations & production management, 2004, 24 (7): 642 – 665.

[286] Premkumar G, Ramamurthy K, Saunders CS. Information processing view of organizations: An exploratory examination of fit in the context of interorganizational relationships [J]. Journal of Management Information Systems, 2005, 22 (1): 257 – 294.

[287] Daft RL, Lengel RH. Organizational information requirements, media richness and structural design [J]. Management Science, 1986, 32

(5)：554 – 571.

［288］ Argyres NS. The impact of information technology on coordination：Evidence from the B – 2 "Stealth" bomber ［J］. Organization Science，1999，10 （2）：162 – 180.

［289］ Gulati R，Lawrence PR，Puranam P. Adaptation in vertical relationships：Beyond incentive conflict ［J］. Strategic Management Journal，2005，26 （5）：415 – 440.

［290］ Long CP，Sitkin SB，Cardinal LB et al. How controls influence organizational information processing：Insights from a computational modeling investigation ［J］. Computational and Mathematical Organization Theory，2015，21 （4）：406 – 436.

［291］ 李怀祖. 管理研究方法论 ［M］. 西安：西安交通大学出版社，2004.

［292］ Babbie E. 社会研究方法 ［M］. 北京：清华大学出版社，2003.

［293］ Schwarz C. Toward an understanding of the nature and conceptualization of outsourcing success ［J］. Information & Management，2014，51 （1）：152 – 164.

［294］ Chen D，Park SH，Newburry W. Parent contribution and organizational control in international joint ventures ［J］. Strategic Management Journal，2009，30 （11）：1133 – 1156.

［295］ Narayanaswamy R，Grover V，Henry RM. The Impact of Influence Tactics in Information System Development Projects：A Control – Loss Perspective ［J］. Journal of Management Information Systems，2013，30 （1）：191 – 226.

［296］ Rubin PH. Managing Business Transactions：Controlling the Cost of Coordination，Communicating，and Decision Making ［M］. New

York, NY: The Free Press, 1990.

[297] Carson SJ, Madhok A, Wu T. Uncertainty, opportunism, and governance: The effects of volatility and ambiguity on formal and relational contracting [J]. Academy of Management Journal, 2006, 49 (5): 1058 – 1077.

[298] Anderson PF, Chambers TM. A reward/measurement model of organizational buying behavior [J]. Journal of Marketing, 1985, 49 (2): 7 – 23.

[299] Klein G, Beranek P, Martz B et al. The relationship of control and learning to project performance [J]. Cybernetics and Systems: An International Journal, 2006, 37 (2 – 3): 137 – 150.

[300] Lewin AY, Massini S, Peeters C. Why are companies offshoring innovation? The emerging global race for talent [J]. Journal of International Business Studies, 2009, 40 (6): 901 – 925.

[301] Baccarini D. The concept of project complexity-a review [J]. International Journal of Project Management, 1996, 14 (4): 201 – 204.

[302] Ramaswami SN. Marketing controls and dysfunctional employee behaviors: A test of traditional and contingency theory postulates [J]. Journal of Marketing, 1996, 60 (2): 105 – 120.

[303] 郑淞月, 刘益, 王良. 接包方如何克服双方差异对客户满意的阻碍? ——以我国信息产业离岸服务外包为例 [J]. 管理评论, 2015, 27 (2): 99 – 110.

[304] Gopal A, Mukhopadhyay T, Krishnan MS. The role of software processes and communication in offshore software development [J]. Communications of the ACM, 2002, 45 (4): 193 – 200.

[305] Levina N. Collaborating on multiparty information systems development projects: A collective reflection-in-action view [J]. Information

Systems Research, 2005, 16 (2): 109 – 130.

[306] McAfee A. When too much IT knowledge is a dangerous thing [J]. MIT Sloan Management Review, 2003, 44 (2): 83 – 89.

[307] Hoetker G, Swaminathan A, Mitchell W. Modularity and the impact of buyer-supplier relationships on the survival of suppliers [J]. Management Science, 2007, 53 (2): 178 – 191.

[308] Srikanth K, Puranam P. Integrating distributed work: Comparing task design, communication, and tacit coordination mechanisms [J]. Strategic Management Journal, 2011, 32 (8): 849 – 875.

[309] Musarra G, Robson MJ, Katsikeas CS. The influence of desire for control on monitoring decisions and performance outcomes in strategic alliances [J]. Industrial Marketing Management, 2016, 55: 10 – 21.

[310] 中国外包网.2010 年中国服务外包园区 10 强白皮书 [M]. 北京: 中国商务出版社, 2010.

[311] 吴明隆.SPSS 统计应用实务 (第 1 版) [M]. 北京: 中国铁道出版社, 2000.

[312] Podsakoff PM, MacKenzie SB, Lee J – Y et al. Common method biases in behavioral research: A critical review of the literature and recommended remedies [J]. Journal of applied psychology, 2003, 88 (5): 879 – 903.

[313] Mudambi SM, Tallman S. Make, buy or ally? Theoretical perspectives on knowledge process outsourcing through alliances [J]. Journal of Management Studies, 2010, 47 (8): 1434 – 1456.

[314] Sen F, Shiel M. From business process outsourcing (BPO) to knowledge process outsourcing (KPO) [J]. Human Systems Management, 2006, 25 (2): 145 – 155.

[315] Churchill GA. A paradigm for developing better measures of

marketing constructs ［J］. Journal of marketing research, 1979, 16 (1):
64 – 73.

［316］陈晓萍，徐淑英，樊景立. 组织与管理研究的实证方法
（第 1 版）［M］. 北京：北京大学出版社，2008.

［317］Kogut B, Singh H. The effect of national culture on the choice
of entry mode ［J］. Journal of International Business Studies, 1988, 19
(3): 411 – 432.

［318］Hofstede G. Culture's Consequences: International Differences
in Work-related Values ［M］. Sage: Beverly Hills. , 1980.

［319］Ford JK, MacCallum RC, Tait M. The application of explora-
tory factor analysis in applied psychology: A critical review and analysis
［J］. Personnel Psychology, 1986, 39 (2): 291 – 314.

［320］Fornell C, Larcker DF. Evaluating structural equation models
with unobservable variables and measurement error ［J］. Journal of market-
ing research, 1981, 18 (1): 39 – 50.

［321］Aiken LS, West SG, Reno RR. Multiple Regression: Testing
and Interpreting Interactions ［M］. Newbury Park, CA: Sage Publications,
1991.

［322］Hair J, Black W, Babin B et al. Multivariate Data Analysis
with Readings 6/E. 6th ed. ［M］. Englewood Cliffs, NJ: Prentice Hall,
2006.

［323］Parkhe A. International outsourcing of services: Introduction to
the special issue ［J］. Journal of International Management, 2007, 13
(1): 3 – 6.

［324］Krigsman M. Analysis: IBM and Pennsylvania share blame in
massive IT train wreck ［EB/OL］. ［2013］http://www.zdnet.com/arti-
cle/analysis-ibm-and-pennsylvania-share-blame-in-massive-it-train-wre ck /.

后　　记

　　本书是基于我的博士毕业论文，修改撰写完成的。整理书稿之时，又回想起近三年前为博士毕业论文而战的日日夜夜。博士求学路，于我而言是一段小马过河的旅程，虽没有惊涛骇浪，却也在急流中飘荡了许久，没有大象般坚定有力的步伐，只如松鼠般攀着树枝慢慢划向终点。这是我人生中最重要、最难忘、最丰富也最珍贵的一段经历，让我从懵懂走向成熟，从青涩迈向平和，无论欢笑或泪水、甜蜜或苦涩、痛苦或迷茫、感动或忧愁，喜怒哀乐，都已成为我生命中的一部分，更是不可磨灭、无可取代的成长记忆。掩卷思索，虽有五味杂陈，最多的还是感恩。

　　感谢我的导师刘益教授。刘老师是我学术路上的引路人，读博期间，从研究方向的选择、研究数据的收集再到论文的撰写、投稿与修改，都得到了刘老师悉心的指导与帮助，也为我今后的独立研究打下了基础。刘老师身上严谨认真、勤勉敬业的治学态度与工作精神是女性学者的标杆，更是为我所敬仰与学习的榜样。感谢刘老师带给我的不仅是学术上的训练，也有生活上的帮助与照顾，让我得以坚持学业直至毕业，而老师乐观积极、锐意进取的人生态度也将一直激励着我努力向前。

　　也特别感谢美国杜克（Duke）大学福库（Fuqua）商学院的合作导师乐文睿（Arie Y. Lewin）教授给我访学的机会，让我能在世界一流的商学院学习一年，在学术与见识上都收获颇丰。与乐文睿教授的多次交流、讨论让我体会到研究方法的多样性与商业思维的重要性，而他深厚的学术素养、饱满的学术热情与孜孜不倦的求索精神也总是激励着我要更加努力。

感谢我同门的师兄师姐师弟师妹们。我们在一起度过了最美好的年华，建立起亲人般的感情与战友般的友谊。无论是例会上的论文讨论还是私下的学术交流都让我受益良多，而平日里一起的锻炼也帮助了我保持身心健康。无论研究问题还是生活问题，在他们那里总能听到最中肯的意见与最真诚的建议，这份情谊永不褪色。

感谢我的父母和家人。他们永远是我最坚强的后盾，用无私的爱与包容支撑着我一路走过来。他们从未对我提及生活中的忧虑困难，总是无条件地支持我，相信我，以我为傲，是他们给了我奋斗的动力与决心。也要感谢我自己，在面对困难的时候不曾放弃，在不时地自我怀疑中重拾信心，在不断的自我坚持中突破困局。

本书得以出版，还要感谢工作单位——重庆工商大学商务策划学院的领导与同事们对我的关心、支持与帮助。非常感谢经济科学出版社责任编辑的专业协助与殷勤工作，使得本书有机会与读者见面。时隔两年之后将博士论文重新整理、出版专著，其中仍存在许多值得改进与完善的地方，不足之处还望专家与读者们批评指正。

郑泓月

2020 年 1 月